重庆文化研究 癸卯春

Chongqing Cultural Research | 蔡武 题

《重庆文化研究》出版工作小组

主　任	冉华章			
副主任	朱　茂			
成　员	潘文亮	许战奇	韩小刚	刘雪峰
	宋俊红	严小红	高　扬	牟元义
	刘德奉	张书源		
主　编	牟元义			
执行主编	黄剑武			
编　委	黄剑武	周津箐	魏　锦	邹俊星

重庆市文化和旅游研究院　编

西南大学出版社

图书在版编目(CIP)数据

重庆文化研究. 癸卯春 / 重庆市文化和旅游研究院编. -- 重庆：西南大学出版社, 2023.5
ISBN 978-7-5697-1851-5

Ⅰ.①重… Ⅱ.①重… Ⅲ.①地方文化—研究—重庆—2023 Ⅳ.①G127.719

中国国家版本馆CIP数据核字(2023)第079762号

重庆文化研究·癸卯春
CHONGQING WENHUA YANJIU　GUI-MAO CHUN

重庆市文化和旅游研究院　编

责任编辑	王传佳
责任校对	畅　洁
书籍设计	杨　涵
排　版	吴秀琴
出版发行	西南大学出版社（原西南师范大学出版社）
	地址：重庆市北碚区天生路2号
	邮编：400715
	市场营销部电话：023-68868624
经　销	新华书店
印　刷	重庆紫石东南印务有限公司
幅面尺寸	210 mm×285 mm
印　张	7.25
插　页	11
字　数	185千字
版　次	2023年5月　第1版
印　次	2023年5月　第1次印刷
书　号	ISBN 978-7-5697-1851-5
定　价	35.00元

擘画未来

擘画未来是高层次的期待。中华民族伟大复兴、中国式现代化建设，是我们当前所擘画的未来，是新时代中国特色社会主义的发展使命。

党的二十大报告指出："全面建设社会主义现代化国家，必须坚持中国特色社会主义文化发展道路，增强文化自信，围绕举旗帜、聚民心、育新人、兴文化、展形象建设社会主义文化强国，发展面向现代化、面向世界、面向未来的，民族的科学的大众的社会主义文化，激发全民族文化创新创造活力，增强实现中华民族伟大复兴的精神力量。"党的二十大报告从"建设具有强大凝聚力和引领力的社会主义意识形态""广泛践行社会主义核心价值观""提高全社会文明程度""繁荣发展文化事业和文化产业""增强中华文明传播力影响力"等方面对如何推进文化自信自强，铸就社会主义文化新辉煌进行了科学部署。

实现文化强国的伟大擘画，需要多方共同奋进，共同努力。实现重庆特色文化的发展，形成特有的重庆文化贡献，在文化强国建设中发挥作用，是重庆人民的使命和责任。

近来，我们组织多方力量，开展多角度研究，取得了丰硕成果，对重庆的文化强市建设提出了很多建议。这些建议有宏观的、中观的、微观的，有的具有引领作用，有的具有参考价值。总之，思想性比较强，操作性也比较强。当然，可以肯定地说，贯彻党的二十大精神，加强文化强市建设，仅有这些成果是不够的，仍需深入研究、不断探索。我们只是抛砖引玉，切盼大家继续研究与探索。

亲爱的读者，党的二十大召开已经时过半年，但研究、宣传、贯彻、落实二十大会议精神仍需继续进行。在阅读此书时，你已参与到这项工作之中，期待我们一路同行，在文化强国建设中贡献自己的力量。

编者

2023 年 4 月 18 日

目 录

政策研究
1 充分发挥文化旅游推进共同富裕的引领支撑作用　刘晓年　李明证
4 实施十大重点工程,助力重庆文化强市建设　刘德奉　侯路　赵云雪
14 新时代重庆文化的高质量发展需要确立新的标识底线　段运冬
16 推动新时期群众文化事业"破壁出圈"　张富伟　龚小嘉
19 建好用好国家文化公园　满足人民精神文化需求
　　　——关于国家文化公园建设的几点感悟　孙慧

文艺评论
23 城乡建设中历史文化保护传承系列评论

基础研究
48 龚晴皋与朱棨交游考略　朱靖远
57 论黔江草圭堂的美学特征和文化意义　彭一峰

巴渝文化
69 渝东南土家族物质文化概述　向笔群

人物风采
85 关于王川平　杨晨南

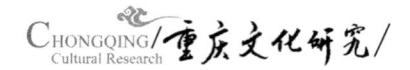

文化记忆

96 文化是集邮的灵魂
　　——重庆集邮讲座回顾　钟传胜

艺文空间

99 艺苑

121 载酒中流亦快哉
　　——我与万龙生老兄的诗酒之缘　陈仁德

充分发挥文化旅游推进共同富裕的引领支撑作用

刘晓年　李明证

（重庆市文化和旅游发展委员会）

党的二十大报告强调，"中国式现代化是全体人民共同富裕的现代化"，"以中国式现代化全面推进中华民族伟大复兴"。新使命呼唤新担当，新担当展现新作为。扎实推进共同富裕是文旅战线的光荣使命和重大政治责任，必须充分发挥文化旅游在促进共同富裕中的特殊使命和重要作用，为实现共同富裕汇聚强大的精神支柱和物质基础。

发挥导航定向作用，高举共同富裕这面旗帜。伟大事业需要旗帜引领。文旅战线处在学习宣传共同富裕理念的第一线，必须以先锋旗手的觉悟和担当，冲锋在前、率先垂范，迅速掀起学习宣传共同富裕理念的新热潮，使"共同富裕"家喻户晓、深入人心。文旅战线还处在思想斗争、舆论斗争的前沿阵地，必须引导舆论，传播好共同富裕正确理念。要引导人民群众牢固树立劳动创造财富、勤劳创新致富、先富带动后富的正确理念，引导人民群众同各种腐朽落后思想和不良现象作坚决斗争，引导人民群众把思想和行动统一到党中央推进共同富裕的决策部署上来，把逐梦的青春、火热的激情投入到推进共同富裕伟大事业中去，为扎实推进共同富裕营造良好的舆论氛围，切实巩固全体人民团结奋斗的思想基础，形成同心共圆中国梦的强大合力。

发挥产业支柱作用，夯实共同富裕物质基础。要在约占世界20%人口的东方大国，实现人类历史上规模最大的共同富裕，需要强大的经济基础作支撑。从国际上看，文旅经济是未来经济、生态经济，在发达国家经济体系中占据重要位置。从国内看，文旅产业是朝阳产业、幸福产业，也是综合型支柱产业，具有涉及面广、产业链条长的优点，有"一业兴，百业旺"的强大带动作用，能够有效增加国家和地方财政收入，带动城乡劳动力就业，增加城乡居民收入，促进乡村振兴。因此，我们要立足当前，着眼未来，厚植文旅经济是中国经济新

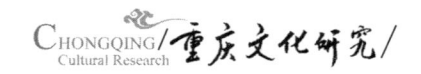

一轮增长新动能的绿色发展理念,进一步充分发挥文旅产业在构建现代产业体系中的重要作用,大力推动文旅产业与其他产业融合发展,推动文旅发展与新型城镇化、乡村振兴等紧密结合,努力做大做强文旅经济,使其成为促进共同富裕的强大经济支柱。

发挥示范带动作用,树立促进共同富裕的标杆典范。文旅产业具有藏富于民的产业特征与先天优势。文旅战线要主动作为,先行一步,打造一批能在本地复制、推广的示范区域、示范企业、示范人物。要坚持整体推进、全域示范,在经济条件好、发展基础牢的区县打造一批共同富裕示范区;要坚持镇村互动、文旅共融,在自然风光美、民俗风情多的村镇打造一批共同富裕示范点;要坚持优先扶优做强一批优质文旅企业,更好地引领千千万万的市场主体积极跟进、帮扶带动;要坚持挖掘和选树一批文旅产业的典型模范,广泛宣传"先富带后富,共奔富裕路"的先进人物、先进事迹,由点及线到面,尽快形成全社会扎实推动共同富裕的生动局面。

发挥传承弘扬作用,实现精神生活共同富裕。大力发展文化事业,做好文旅产业,能够更好地增强文化自觉,坚定文化自信。实现人民精神生活共同富裕,是中国式现代化的应有之义,也是每一个文旅人的应尽之责。要继续大力传承中华优秀传统文化,进一步弘扬"天下为公""大爱无疆""天道酬勤""自强不息"等中华优秀传统文化精髓,推动中华优秀传统文化的创造性转化、创新性发展,守护好我们的精神命脉;要继续大力传承红色文化,补足共同富裕精神之"钙",着力打造一批国家级红色文化地标、爱国主义教育基地和红色文化旅游目的地,尤其是老少边穷地区,要用好用活红色资源,激发内生动力,在高质量发展中实现共同富裕;要继续大力传承社会主义先进文化,构筑共同富裕精神之"魂",引导全体人民确立正确的政治方向、政治立场,激励社会各界继续拼搏奋斗、创新创造,努力开创社会主义现代化新局面。

发挥桥梁纽带作用,有序推进共同富裕。当前,东西部地区在经济发展上还存在一定差距,但西部地区大多生态条件好、自然风光美、民俗风情丰富多彩,发展文旅产业具有得天独厚的资源禀赋优势。要进一步牵引东部发达地区资金、项目、人才向西部流动,推动西部地区文旅资源开发,变资源优势为发展优势,协同推进东西部共同富裕。要发挥城乡纽带作用,缩小城乡差距。共同富裕不单单是城市的富裕,也是乡村的富裕,是城乡一体的共同富裕。我们要梳理政策,畅通信息,牵引城市优质资源向乡村流动,有效激活乡村特色文旅资源,让看得见山、望得见水、留得住乡愁的美丽田园更具吸引力,引导城乡协同推进共同富裕。要发挥国际合作纽带作用,共建人类命运共同体。充分发挥文化润物无声的独特作用,扩大文旅交流渠道,丰富文旅资源;利用好"一带一路"等国际平台,进一步拉近中国与世界的距离,树立双赢、多赢、共赢的新理念,着力推动实现"各美其美,美人之美,美美与共,天下大同"新格局。

实施十大重点工程，助力重庆文化强市建设[①]

刘德奉　侯路　赵云雪

（重庆市文化和旅游研究院）

【摘要】 重庆必须坚持中国特色社会主义文化发展道路，以社会主义核心价值观为引领，以满足人民精神文化需求为目的，从思想道德建设、文化事业繁荣发展、文艺精品创作、文化保护传承、文化产业高质量发展、文化和旅游深度融合、文化宣传交流、文化人才锻造、文化体制改革、文化安全保障等方面着手，实施十大重点工程，为建设成为文化强市而努力奋斗。

【关键词】 十大重点工程；重庆文化；文化强市

党的二十大报告指出："围绕举旗帜、聚民心、育新人、兴文化、展形象建设社会主义文化强国，发展面向现代化、面向世界、面向未来的，民族的科学的大众的社会主义文化，激发全民族文化创新创造活力。"建设文化强市是社会主义文化强国建设的重要内容，是推动城市经济发展方式转变的必然要求，是满足人民日益增长的精神文化需要的重要途径。新时代新征程，重庆必须坚持中国特色社会主义文化发展道路，以社会主义核心价值观为引领，以满足人民精神文化需求为目的，以推动文化高质量发展为主题，坚持稳中求进、守正创新，着力实施十大重点工程，不断增强文化凝聚力、吸引力，提振文化自信，建设成为文化强市。

[①] 基金项目：2022年度重庆市社会科学规划特别委托重点项目"文化强市建设重点任务研究"阶段性成果，批准号：2022TBWT-ZD16；2022年度重庆市社会科学规划文旅一般项目"重庆文化强市建设指标体系研究"阶段性研究成果，批准号：2022WL07。

一、实施思想道德建设工程，增强文化凝聚力

筑牢共推重庆发展的思想基础，形成强大的精神力量。通过大力弘扬社会主义核心价值观，实施思想道德建设工程，增强文化凝聚力。一是深入培育和践行社会主义核心价值观。思想道德是社会主义核心价值观的重要体现，推进文化强市建设必须要加强社会主义核心价值体系建设，使社会主义核心价值观深入人心，成为市民日用而不觉的行为准则；使爱国主义、集体主义深入民心，自强不息、开放包容、开拓创新的巴渝文化禀赋和重庆"行千里·致广大"的人文精神更加彰显。二是坚持用社会主义核心价值观引领文化建设，充分发挥文化的凝聚力。引导人们形成"爱党爱国、团结奋斗、艰苦创业、无私奉献"的精神，培育担当民族复兴大任的时代新人。三是深入推进精神文明建设，构建全民共建共享的文明社会。开展文明重庆建设，深化五大文明创建工作，大力弘扬中华传统美德，推动中华优秀传统文化与现代都市生活相融合，深入开展家教家风建设。加强社会公德、职业道德、家庭美德、个人品德建设，弘扬劳动精神、奋斗精神、奉献精神、创造精神、勤俭节约精神。培育积极向上的网络文化，营造良好的网络生态。四是加强哲学社会科学建设，使之跻身全国前列，同时打造服务重庆、服务中国的新型智库。

二、实施文化事业繁荣工程，增强文化服务力

加强基本公共文化服务标准化、均等化建设，着力提升文化基础设施品质，提供充足的文化活动空间，增进文化福祉，维护、满足、保障人民群众的基本文化权益，让文化成果更好地惠及全市人民群众，构建起覆盖城乡的、高效优质的现代公共文化服务体系，是文化强市建设的基本工程。

一是加强文化基础设施建设，提供充足的文化活动空间，打造重庆文化新地标。科学利用现有文化设施，发挥重庆图书馆、重庆中国三峡博物馆、重庆自然博物馆、重庆美术馆、重庆大剧院等大型文化场馆的作用，同时着力提升区县文化馆、图书馆、博物馆、美术馆以及乡镇文化服务中心等文化阵地的品质；完善与重庆文化强市建设相关的文化设施。加快落实《重庆市文化和旅游发展"十四五"规划（2021—2025年）》，续建重庆市少儿图书馆新馆、重庆广播电视发射塔新塔、重庆自然博物馆园区，推进长江音乐厅、重庆中国三峡博物馆、重庆图书馆分馆等重大文化设施建设，推出具有时代特征和标志性的重大文化设施；促进公共文化服务设施均衡发展。优化各级文化设施布局，新建公共文化设施适当向城乡接

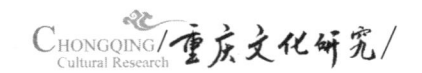

合部和远郊区县倾斜,补齐薄弱地区短板。加快老旧小区文体设施改造和城区文体公园建设,完善易地搬迁安置社区文化设施,因地制宜建设文化礼堂、文化广场等,鼓励社会力量与政府合作打造文化体验馆、厅、园等新型公共文化场所。

二是推进重庆城乡公共文化一体化发展。全面落实国家公共文化建设的标准,进一步扩大文化惠民工程覆盖面,提升其实效性,大力打造"城市15分钟、农村30分钟"便民文化服务圈;力争全市人均公共文化设施建筑面积,数字图书馆、文化馆、博物馆覆盖率位于全国前列,公共文化志愿者队伍规模和服务水平等核心指标达到全国先进水平,全面建成完备、便捷、优质、高效的现代公共文化服务体系。全面升级图书馆、文化馆总分馆制,完善"市级龙头馆+区县总馆+乡镇(街道)分馆+基层服务点"的架构,实现资源高效互通。

三是提升公共文化的服务能力。提高公共文化设施免费开放水平,打造全民共享的高品质文化空间;加快推动公共文化服务网络化、智能化建设,借助5G等新技术完成对所有公共文化设施的数字化改造,实现全市公共文化服务设施网络现代化;推进智慧博物馆、智慧图书馆、数字文化馆、智慧美术馆和公共文化云建设,打造数字化"文化惠民超市";改造广播电视传输覆盖网络,推进直播卫星服务提质增效,建设智慧广电公共服务平台,实现政务、文化、民生、商务等综合服务高效聚合、精准触达。

四是丰富市民文化生活。大力开展群众性文化活动,如举办全民艺术节、乡村文化会演、广场舞展演、曲艺大赛等。大力推进"书香重庆"建设。实施乡村文化振兴"百乡千村"示范工程,打造"一村一品"特色文化活动。充分利用社会上各种文化资源,支持群众创作文艺作品、举办文艺活动、开展文艺交流,让广大人民群众在参与文化创造的过程中感受美好幸福生活。

三、实施文艺精品创作工程,增强文化吸引力

要坚持"二为"方向、"双百"方针,坚持创造性转化、创新性发展,坚持弘扬主旋律与提倡多样性相统一的原则,充分利用作家、艺术家、群众中的文艺骨干集聚优势,创作更多更好的文学艺术作品。营造良好的文化风气,建立健全文艺作品创作、演出演播、评价推广机制,激发文艺工作者创新创造活力,生产出更多彰显时代主题、满足人民精神文化生活需求的文艺精品,推动文艺事业繁荣发展。

一是始终坚持以人民为中心的创作导向,推出更多优秀作品。在当代文学艺术创作

上,要注重把弘扬主旋律与提倡多样性结合起来,把再现优秀历史文化与创作现实主义作品结合起来,把反映社会主义现代化建设与重庆发展结合起来,推出彰显新时代新气象的精品力作,持续提振重庆人民精气神。在作品出版方面,推出《巴渝文库》《复兴文库·重庆分库》等重大出版项目。大力发展网络文艺,推出更多弘扬真善美、传播正能量的优质网络作品,用优质内容占领网络空间,发展健康活跃的网络文化;在作品宣传方面,要紧扣打造重庆文艺网等传播阵地,大力推介文艺精品。

二是打造高水准的文艺创作生产体系。秉持文艺创新的创作理念,自觉创新、大胆创新、持续创新,着力提升文艺作品的原创性。推动文艺与科技融合发展,引导和鼓励文艺家用新思维、新方法、新手段、新技术开展文艺创作,利用互联网等探索文化艺术创作和展示的新途径,延伸文化艺术新业态,探索文艺发展新模式。建设一批资源集聚、技术领先、专业协同、保障有力的文化艺术创作生产平台和基地。繁荣电影创作生产,打造现代电影工业体系。

三是营造健康向上的文娱风气。要健全文艺评奖制度,开展重庆市精神文明建设"五个一工程"奖、重庆文学和艺术奖等评选活动;打造健康的文学创作和文艺评论阵地,促进专业评论与大众评论良性互动,引导形成积极向上、激浊扬清的文艺创作氛围。有序开展文娱领域综合治理、"饭圈"乱象专项整治,完善长效工作举措,坚决遏制行业不良倾向,营造健康向上的文娱风气。

四、实施文化保护传承工程,增强文化传承力

重庆在3000多年的历史进程中,孕育了底蕴丰厚的历史文化,形成了巴渝文化、抗战文化、革命文化、统战文化、三峡文化、移民文化等文化形态,孕育了以红岩精神、移民精神等为代表的"行千里·致广大"的人文精神。重庆作为中国历史文化名城,要坚持推陈出新、与时俱进,传承民族文化,推动优秀传统文化融入现代生产生活,使优秀传统文化焕发时代光芒。

一是保护传承好优秀传统文化,让重庆人文精神大放异彩。特别是要加强对历史文化名城、历史文化名镇、历史文化名村和其他历史文化载体的保护和利用,让文化血脉久久流淌。重庆市第六次党代会提出的"行千里·致广大"——重庆人文精神,是对重庆文化的高度概括和科学提炼,是我们在弘扬中华优秀传统文化过程中,传承和发展重庆文化的重要指引。要出版好《行千里·致广大——重庆人文丛书》(12卷),阐释好书中所蕴含的思想和理念。

二是推进文化创造性转化、创新性发展。推进重庆历史文化体系的研究和阐释,诠释"行千里·致广大"的人文精神,擦亮重庆"中国历史文化名城"名片,提炼和展示巴渝文化标识;科学规划建设长征、长江国家文化公园(重庆段);加强文献古籍的抢救和修复,推进文献古籍保护、整理和数字化利用;推动农耕文化的保护与传承。

三是加强文物保护,延续历史文脉。深入挖掘巴渝自然资源文化,构建全市"三江四廊"文化线路和中心城区"两江四岸"文化生态走廊。加强文物考古发掘,展示和利用好考古遗址,整合重庆历史文化。依托世界遗产、重点文物保护单位、博物馆、考古遗址公园、文化景观名胜,建设三峡考古遗址公园群、博物馆群,开埠文化遗址公园,重庆大轰炸遗址纪念馆等一批彰显巴渝文脉特征的历史文化地标。系统实施大遗址、石窟寺、三峡文物、巴渝古建筑等重点文物保护工程。联合开展"考古中国"重大项目——"川渝地区巴蜀文明进程研究",推进宋元(蒙)山城遗址考古发掘。推进钓鱼城遗址、白鹤梁题刻申报世界文化遗产,将大足石刻研究院建设成为世界知名研究院。完善各层级公共博物馆建设,促进民营博物馆发展,加强专题博物馆建设,实施馆藏珍贵文物抢救性保护工程。

四是用好红色资源,弘扬"红岩精神"。推进革命文物保护利用片区整体规划、连片保护、统筹展示,加强湘鄂川黔片区、川陕片区革命文物整体保护;全面推进红岩、曾家岩、虎头岩"红色三岩"建设,开展革命传统和红岩精神教育,打造红岩文化公园、红岩党性教育基地。

五是加强非物质文化遗产系统性保护。重视非遗项目保护,支持非遗传承人开展工作,培育更多更好的非遗传承人,加快建设重庆非物质文化遗产馆,让传统文化融入现代生活,延续城市历史文脉,提升城市文化品质。完善非遗代表性项目传承人认定与管理制度,实施非遗代表性传承人抢救性记录工程和传统戏曲、传统工艺、传统节日等的振兴工程。建成武陵山区(渝东南)土家族苗族文化生态保护区和重庆非物质文化遗产博览馆。传承发展农耕文化,推动乡村文化振兴。

五、实施文化产业高质量发展工程,增强文化创造力

要秉持改革创新的发展理念,坚持扩大内需与供给侧结构性改革相结合,进一步优化文化产业的空间布局,激发市场活力、完善产业政策;统筹规划,构建起结构合理、门类齐全、市场竞争力强、企业实力强劲、富有创作活力、符合重庆实际、具有重庆特色的现代文化产业体系。

一是树立文化产业发展新思维,着眼于文化产业的文化属性、经济属性、跨界属性、流动属性,加强多角度业态引导,提供多部门共同服务,形成协同发展意识,着力提升文化产业发展质量。

二是实施重大文化产业项目带动战略,壮大多元文化市场主体。推动跨媒体、跨行业、跨所有制整合,打造主业突出、战略引导力强的"文化航母"。依托重庆优势资源,通过资源整合、并购重组等方式形成一批具有核心竞争力与国际影响力的文化产业集团。在创新较为活跃的领域加快培养成长速度快的"瞪羚"企业和创造性强的"独角兽"企业,造就一批细分领域的"隐形冠军"企业。做强品牌,树立好形象,使重庆广电集团、重庆日报报业集团、重庆出版集团、重庆新华书店集团、重庆电影集团、重庆文投集团等国有文化企业更好发展,引导好文化创意产业园区发展,促进文化、旅游、商业多业态融合发展。优化和升级南滨路国家级文化产业示范园区,在重庆文化产业示范园区、产业示范基地、乡村文化乐园中培育骨干企业,完善文化企业发展生态体系。

三是构建具有重庆特色的现代文化产业体系。推动新闻出版、影视传媒、广告会展、文化艺术等传统文化产业创新升级;实施文化数字化战略,以大数据智能化引领文化产业转型升级,发展数字阅读、数字影音、线上演播、沉浸式游戏、智能装备等新型文化业态。建设智慧出版、智慧广电等数字文化产业平台,拓展文化产业链、供应链。打造影视制片服务基地、高清视频产业园,完善影视产业链。打造电竞产业园,完善动漫游戏产业链。推动石雕、版画、夏布等传统工艺产业品牌化、集群化。推进文化与旅游、教育、体育、工业、健康等产业融合,提高相关产业的文化附加值。

四是建设高标准的文化市场体系。健全文化市场管理制度和要素结构,构建起统一开放、高效规范、竞争有序的文化市场体系。继续壮大出版、影视、演艺市场。融合电商物流,壮大重庆重报电商物流有限公司、新华发行集团等文化流通企业,智能化改造文化产品物流基地,打造贯通城乡的文化服务配送网络。打造重庆艺术版权大市场,逐步疏通版权交易、文化资产融资等环节。全面促进文化消费提质升级,将重庆建设成为国际文化消费中心城市。

五是着眼于重庆文化和旅游融合发展效果明显的特点,加快深度融合、广泛融合、跨界融合,紧紧围绕打好"五张牌",打造世界知名旅游目的地、长江三峡国际黄金旅游带、渝东南武陵山区文化产业和旅游产业融合发展示范区。

六、实施文化和旅游深度融合工程,增强文化魅力

文化和旅游融合发展是文化强市建设中充分彰显文化魅力的必要措施。推动文化和旅游深度融合发展,要坚持以文塑旅、以旅彰文,推动文化资源向旅游资源转化,提升旅游资源的文化内涵,让游客在自然之美中感悟文化之美。

一是依托"一区两群"的文化和旅游资源优势优化空间布局。发挥主城都市区核心集聚功能,高水平打造长嘉汇、广阳岛、科学城、枢纽港、智慧园、艺术湾文旅业态,将重庆建设成为具有国际竞争力和影响力的世界知名都市旅游目的地。发挥长江沿线的文化和旅游资源优势,打造具有国际竞争力和影响力的大三峡国际黄金旅游目的地。挖掘渝东南武陵山区文化生态资源,打造一批民俗风情景区和民族特色村寨,建成渝东南武陵山区文化产业和旅游产业融合发展示范区,推进大景区联合开发,建成乌江画廊文化旅游示范带。

二是支持文化资源向旅游资源转化,推出丰富的旅游产品。依托重庆文化资源的独特优势,将更多的文化内容、文化故事、文化符号融入景点,并纳入旅游线路设计、产品开发,持续优化旅游产品结构,建设一批富有文化底蕴的世界级旅游景区和度假区,打造一批文化特色鲜明的国家级文化旅游休闲城市和街区。依托重庆独有的革命文化资源,推出红色旅游重点景区和经典线路,培育一批具有全国影响力的红色旅游融合发展示范区。

三是要健全文化旅游公共服务机制,提供高品质的文化旅游服务。优化文化旅游公共设施布局,建立西部旅游集散中心和区域性旅游集散中心。加强旅游交通设施建设,深入实施"城景通""城乡通""景景通"旅游道路工程,建立多式联运的立体旅游交通网络。完善旅游公共服务配套设施和功能,推进旅游景区、度假区、服务中心等的标识体系建设。推进"互联网+旅游"建设,打造一批智慧旅游景区,建立全国统一的旅游信息公共服务平台。深入开展旅游厕所革命,建设一批示范性旅游厕所。健全文化旅游市场质量评价体系,推行服务质量承诺制度。

七、实施文化宣传交流工程,增强文化传播力

文化宣传交流活动,是扩大文化影响力和传播力、提升文化软实力的重要途径。实施文化宣传交流工程,要以国家战略为指引,加强文化宣传交流,提高文化开放水平,加快文化"走出去"的步伐,增强重庆的国际影响力。

一是充分展示现代化国际都市形象。积极参与到国家实施的中华文化"走出去"工程中,大力推介重庆特色文化,展示重庆"山水之城·美丽之地"的城市形象。深入宣传重庆的现代化经济体系以及"智造重镇""智慧名城"等新名片,让重庆尽早进入现代化国际大都市行列。

二是加快建成西部国际传播中心。高水平建设西部国际传播中心,打造国际先进、国内一流的综合性传播创新基地、对外文化交流基地和高水平外宣智库。以西部国际传播中心为龙头,发挥市级媒体集团骨干作用和区县融媒体中心的基础性作用,形成"1+3+41"的全市一体化国际传播矩阵。举办悦来城市国际传播论坛,推动建立城市国际传播协作机制。

八、实施文化人才锻造工程,增强文化保障力

拥有一批高素质的文化人才队伍是重庆文化强市建设的有力保障。实施文化人才锻造工程,必须要树立"人才资源是文化强市建设的首要资源"的理念,形成高效的文化人才培养、引进、流动、淘汰机制,营造良好的人才锻造环境,打造一支门类齐全、结构合理、素质优良、层次分明的文化人才队伍,为重庆文化强市建设提供充足的人才保障。

一是要不断创新人才锻造方式。充分对接国家高层次人才特殊支持计划哲学社会科学领军人才、文化名家暨"四个一批"人才等国家重点工程,深入实施重庆英才计划、重庆文化艺术领军人才计划、博士后人才倍增计划、"互联网+"人才计划、旅游博士培养计划等市级人才项目,努力构建"塔尖"(高层次人才队伍)。实施巴渝新秀青年人才工程、"三区"文化人才支持计划等市级人才项目,夯实"塔基"(青年创新人才队伍)。实施"巴渝工匠"计划,加强文化技能人才培养。实施乡村文化和旅游能人评选支持计划。

二是不断创新人才锻造机制。推进专业技术人才结构优化政策,加大对原创性成果和创造性人才的支持力度,深化思想政治工作人员专业技术职务评聘制度改革。落实和完善文化人才的培训、待遇保障、表彰激励等政策措施。支持企事业单位引进人才,落实人才待

遇,优化人才发展环境。探索建立基层文化人才定向培养、专项招聘和挂职交流等工作机制。

三是要完善高校联合培养机制。推动市文化科研单位与重庆高等院校联合建设文化学一级学科,全面加强文化理论与政策研究,培养高素质、专业化的文化建设和管理人才。突出跨学科交叉融合,加强公共文化、文化产业、旅游管理、出版、电影等学科方向的专业人才培养。

九、实施文化体制改革工程,增强文化创新力

文化体制改革为重庆文化强市建设提供了强大动力,是解放思想和文化生产力的根本途径。实施文化体制改革,要坚持和完善繁荣发展社会主义先进文化的基本制度,推进文化治理体系现代化,形成科学有效的管理体制,以及开放统一、竞争有序的现代文化市场体系。

一是健全宏观文化管理体制。健全党委宣传部归口管理、统筹指导宣传思想文化工作的体制机制。推进依法行政,健全党委领导、政府管理、行业自律、企事业单位依法运营的文化管理体制机制。健全党委领导、网信部门统筹协调的网信管理体制机制,深化网信三级工作体系建设,建立健全网信领域权力清单、责任清单、负面清单管理模式。完善党委和政府监管有机结合,宣传部门有效主导,管人、管事、管资产、管导向相统一的国有文化资产管理体制。健全文化和旅游行政主管部门主导、国有旅游企业协同的旅游资源管理运营体制机制。建立健全党委宣传部与教育行政部门共同领导管理文化艺术传媒类高等院校的制度。创新哲学社会科学管理体制,健全学术社团工作协调机制。

二是要创新文化微观运行机制。加大对文化事业单位的扶持力度,完善绩效考核机制,创新文化生产经营机制。推动公共文化机构开展法人治理结构改革,创新运行机制,扩大理事会试点。深化新闻媒体改革,建立健全互联网新时代新型主流媒体运营管理机制。深化市属文化企业股份制改革,深化国有文艺演出院团体制改革,推动国有文化企业健全具有中国特色的现代文化企业制度,健全文化企业内控规范体系。完善国有文化企业薪酬激励制度。规范推进文化和旅游领域政府和社会资本合作,发展文化和旅游基础设施不动产投资信托基金。落实文化事业单位收入分配自主权。

三是要结合重庆实际落实和完善文化政策法规及相关工作标准、措施。健全文物保护

公益诉讼制度。完善促进文化发展的财政、金融、土地、消费、贸易等政策措施,完善支持文化文物单位开发文化创意产品的政策措施,落实支持社会力量兴办公益性文化事业的政策,落实支持文化建设的税收政策。完善公共财政文化投入机制。统筹利用好支持宣传文化事业、产业发展的有关专项资金、基金。

十、实施文化安全保障工程,增强文化治理能力

实施文化安全保障工程,要高举习近平新时代中国特色社会主义思想伟大旗帜,加强思想理论武装,压紧压实意识形态工作责任,健全文化安全体系,筑牢文化安全防线,切实维护文化安全,掌握意识形态主导权。

一是要压紧压实意识形态工作责任。进一步落实意识形态主管主办和属地管理职责,健全意识形态领域重大情况分析研判和通报制度。建立健全重大舆情风险评估和应对机制,加强对意识形态问题的动态感知、监测预警、防范处置。

二是要筑牢文化安全屏障。增强意识形态和文化安全保障能力,加强监测预警处置评估,抓好重要节点、重点地区、重点领域文化安全保障,做好广播电视安全播出和网络安全管理。深入推进文化市场综合执法,强化执法责任制和执法事项清单管理制度,加强新技术新业态文化安全风险管理。加强文艺界行风建设,推动文艺创作守正创新,加强失德人员惩戒治理。健全文化领域外商投资安全审查机制。深入开展"扫黄打非"工作,严厉打击线上线下非法传播活动,筑牢文化安全屏障。

新时代重庆文化的高质量发展需要确立新的标识底线

段运冬

（西南大学美术学院）

高质量发展是新时代国家建设中的一个高频词，习近平总书记在二十大报告中指出，高质量发展是全面建设社会主义现代化国家的首要任务。具体落实到文化领域，就是依据文化自身的属性，在吸纳过去文化建设经验的基础上，通过文化产业与公共文化服务之双轮驱动，产生"极优艺术"（"极优艺术"意为文化精品）。

目前，重庆文化的高质量发展是我们面临的重要任务。重庆地区有着丰富的文化资源。第一，长江流域重庆段散布着大量从旧石器时代到清末遗留下来的历史遗迹，这让重庆处于长江上游文化记忆的引领地位。第二，抗战时期，国家经济、政治文化中心西迁，重庆作为战时首都，留下大量陪都文化资源。第三，新中国成立以后，大量重要企业西迁，促进了中西部工业的发展，支撑了国家发展，也留下了大量三线遗址，成为新中国国家记忆的重要组成部分。但丰富的文化资源与高质量发展愿望还处于整体错位状态。改革开放以来，国家经济重心东移，西部发展滞后，大农村大城市并存的重庆成为复杂之中国形象的代表。所以，重庆文化的高质量发展又不能简单地以"服务"和"满足"作为衡量准则，还需要再具体化，并且还需要具有一定的实操性，将重庆历史遗迹转化为文化资源。为此，就需要确立高质量发展的标识底线。

新时代重庆文化高质量发展离不开对文化发展新内涵进行详细释读。新时代的精气神、社会主义核心价值观、中华民族共同体意识、人类命运共同体、中国故事、文化强国等成为文化高质量发展的核心词语。

对于文化领域而言，设定文化指标性参数具有一定争议，文化是关乎心灵饱满度的问题，文化的基础设施、经济指标、发展纲要、规划指标等难以衡量心灵的饱满度。但是，无指标性参数会使得文化的发展处于自在而无人问津的状态。其实，这是另一种不负责任的态度。为此,需要将文化关于心灵的特殊性和社会发展之参数的有效性进行结合,以呈现文化高质量发展状态的最低要求。我将这种高质量发展状态的最低要求称为高质量发展的标识底线。由此引出一个问题:什么是重庆文化高质量发展的标识底线?

第一,作为直辖市的重庆在文化高质量发展中的获益底线。重庆文化的高质量发展,首要的目的是服务于重庆自身的发展。这个底线,应体现于重庆文化产品对内对外的影响力、跨语境下重庆文化形象的识别度、重庆文化产业的生产力指数等中。

第二,在国家文化高质量发展中,重庆作为直辖市的贡献底线。一方面,应该激活与提升重庆文化生产机制与服务机制,创造具有影响力的文化品牌。另一方面,需要生产极优艺术。

第三,作为直辖市的重庆对人民美好生活需要的供给力底线。这就是说,文化服务或者文化产品要赢得市场,赢得消费者的青睐。重庆文化高质量发展还应关注重庆文化对经济生产的支撑力。

第四,重庆文化软实力的域外影响力底线。重庆文化高质量发展需要处理文化的在地性与全域性关系。

就重庆历史和现实境遇来说,历史记忆与长江文化(历史的、生态的、人文的)引领的历史遗迹之底蕴,红色文化与新中国发展重大记忆的国家记忆之底蕴,当下文化表述与中西部丰富的国家生活之时代底蕴,使重庆文化的高质量发展如鲲鹏展翅,大有可为。当然,要达到这样的目标,需要建设高质量的生产路径,整体提升文化生产的视野境界、文化新技术生产的支撑力、文化生产优势的整合力等。

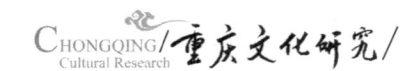

推动新时期群众文化事业"破壁出圈"

张富伟　龚小嘉
（重庆市文化和旅游发展委员会公共服务处）

党的二十大报告提出"推进文化自信自强，铸就社会主义文化新辉煌……健全现代公共文化服务体系，创新实施文化惠民工程"，为公共文化事业发展标注了前进方向，明确了责任使命。群文战线是公共文化服务的重要阵地，在满足人民群众精神文化需求、提升社会文明程度方面发挥着重要作用。当前，重庆市群众文化事业如何审时度势，打破基本文化服务边界，加快高质量发展步伐，亟待多层次、结构性破题。

一、现实困境

近年来，重庆市文化馆系统发力改革创新，提升服务效能，拓展惠民覆盖面，在实践中不断探索发展路径、积累先进经验，逐步从过去单纯的公共文化场馆向公共文化服务综合体升级转型，取得阶段性成效。但对照中央的要求和人民群众急剧增长的多元化文化需求，仍有较大差距，面临不少困境与瓶颈。一是文化馆（群艺馆）行业定位不够鲜明。定位是发展的基础，文化馆在职能界定上依旧不够清晰，致使大众知晓度不够高、社会影响力不够大，尤其较图书馆、博物馆而言，缺乏更为广泛的社会认可度。二是全民艺术普及的阵地建设不够均衡。区域之间文化艺术资源分布、经费投入参差不齐，边远贫困地区往往存在设施陈旧落后、建设面积不足、利用率不高等问题。三是群文供给的丰富性和精准度有待提高。产品和服务与市场接轨不足，受众群体的覆盖面尚需进一步扩大，特别是要提高对中青年的感召力、引领性。四是服务方式创新性上还有差距。精品意识、品牌意识还不强，智慧化、数字化程度不高，社会化运作手段较单一，跨领域、跨地域的资源融合不够全面。五是群文人才队伍的培养塑造力度不够。从业人员的专业素养和知识文化水平参差不齐，年龄结构、门类比重不尽合理,领军人物缺乏,骨干对团队、团队对社会的带动作用发挥不到位,行业自信未普遍建立。

二、发展对策

针对上述短板,结合重庆市实际,群文工作在下一步发展中,需要进一步解放思想,用新理念谋划工作,用新思维拓展空间,把向内发掘和向外探索结合起来,下大力气提高大众知晓度,扩大影响力,才能"破壁出圈",走上高质量发展之路。具体有六点对策与建议。

一是在行业定位方面。强化文化馆公共文化服务综合体的功能定位,要以艺术普及、艺术创作为基础,深层次融入老百姓生活,引领文化风潮,凸显阵地作用,助力国家现代治理体系建设。让文化馆成为城乡居民不可或缺的终身美育学校,成为社会力量的发动引擎和孵化基地。

二是在设施建设方面。首先,以深化总分馆制改革为依托,健全文化馆组织体系,形成市、区县、乡镇(街道)、村(社区)四级群文设施均衡分布的科学架构,确保基层群众文化事业阵地常在、队伍常在、活动常在。其次,在保障基本公共文化服务的前提下,引入市场化运作和社会力量,提升场馆的使用效能,提供特色化、个性化的非基本公共文化服务,带动空间升级、功能升级,形成业态多元、主题功能多样的新型群文空间。

三是在群文活动方面。秉承既要"传统品牌"又要"创新品牌"的原则,把"广场舞""大家唱""乡村村晚""社区文化艺术节"等老品牌做到极致,做成经典,把"街舞大赛"等新品牌做出时代感、科技味,吸引更多群众参与进来,引导城乡群众在文化生活中当主角、唱大戏。同时,强化数字化、智慧化场景应用,加大微视频、艺术慕课等数字资源建设力度,赋予活动更好的观赏性、学习性和体验感;改造现有数字资源,适应新媒体环境,通过线上线下相结合的方式,实现"小活动,大传播",真正搭建起"一网"通办、"一站"服务、"一码"获取的数字化"文化超市"。

四是在群文创作、艺术普及方面。一方面,充分挖掘重庆特色文化资源,以全国"群星奖"为契机,推动创作群众文艺精品,提升全民精神文化素养。另一方面,将全民艺术普及作为文化馆免费开放的重要内容,举办公益性文化艺术讲座、展演、展览、展示和培训活动;联合社会艺术培训机构,组建全民艺术普及联盟,搭建推广平台,使艺术融入群众日常生活。

五是在融合发展方面。盘活文旅领域内部资源,与公共图书馆、博物馆、美术馆、非遗馆、艺术院团、景区等建立联动机制,加强功能融合,提高综合效益。同时,借助成渝地区双城经济圈建设、鲁渝扶贫协作等政策东风,跨区域、跨领域开展业务合作交流,丰富"群文+"业态。

六是在群文队伍建设方面。既要向外吸纳引进优秀人才,又要对内发掘、激励本土人才。通过完善体制机制、优化队伍结构,把重庆市群文人才,特别是把领军型人物留住、用好,充分调动其积极性,以点及面,发挥示范引领和促进带动作用,形成不局限于行业内部、辐射大众的"传帮带"的良好氛围。在强化专业化建设,开展分级分类职业培训和业务轮训的过程中,加入心理建设内容,增强团队的从业自信和自豪感,进一步壮大文化馆馆办文艺团队,打造一批在城乡群众中有广泛影响的品牌团队。

建好用好国家文化公园 满足人民精神文化需求
——关于国家文化公园建设的几点感悟

孙慧

(重庆市文物考古研究院)

党的二十大报告中明确提出,建好用好国家文化公园。这显示了党和国家对建设国家文化公园的重视,也凸显了建设国家文化公园的重要性。国家先后确定了长城、大运河、长征、黄河、长江国家文化公园的建设。重庆同时属于长征和长江两大国家文化公园的建设范围,且被纳入长江国家文化公园重点建设区。笔者有幸参与了两个国家文化公园重庆段建设保护规划的编制工作,下面就有关情况,结合二十大精神谈点心得。

一、国家文化公园建设的溯源

2017年初,中共中央办公厅、国务院办公厅印发《关于实施中华优秀传统文化传承发展工程的意见》,首次提出要规划建设一批国家文化公园。同年5月,《国家"十三五"时期文化发展改革规划纲要》提出,依托长城、大运河、黄帝陵、孔府、卢沟桥等重大历史文化遗产,规划建设一批国家文化公园,形成中华文化重要标识。2019年7月,中央全面深化改革委员会会议审议通过《长城、大运河、长征国家文化公园建设方案》,并于当年底正式印发。2020年10月,《中共中央关于制定国民经济和社会发展第十四个五年规划和二〇三五年远景目标的建议》中明确提出建设黄河国家文化公园。2022年初,国家文化公园建设工作领导小组印发通知,启动长江国家文化公园建设。

二、国家文化公园建设的国际经验

国家文化公园是中国独创的,但也有对国外经验的借鉴。首先是美国国家公园体系中的美国国家步道。美国的国家步道中有一类史迹步道（或称历史步道），具体有"星条旗之歌""华盛顿—罗尚博革命之路""摩门先锋国家历史游步道"等，主要是将历史教育、文化传承与高品质的户外游憩相结合，保护历史资源，探索历史线路，讲述历史故事，展示美国精神，强化国家认同。其次是欧洲文化线路。欧洲文化线路委员会先后公布了38条欧洲文化线路（2019年数据），包括公元前12世纪以来连接亚非欧三大洲、促进地中海贸易文化交流的"腓尼基人之路"，欧洲罗马式建筑遗产之路，等等，旨在阐释欧洲记忆、历史、文化，帮助人们理解当今多样化的欧洲社会，促进文化交流和文化产业的发展。另外，也有一些欧洲国家致力于通过国家步道来展示自己国家的文化，如匈牙利自然与人文交融的国家蓝色步道、德国的葡萄酒文化主题步道等。此外，我们的东亚邻国日本也有类似项目。2015—2020年，日本文化厅累计认定了104项"日本遗产"，意在以历史或文化主题为线索，整合一个或多个地区内具有关联性的有形及无形文化遗产，形成一个个讲述国家或地区传统文化的"日本故事"，宣传各地区传统文化，以振兴区域旅游。

三、国家文化公园建设的基础

建设国家文化公园，单从字面上看，多数人可能会误解是要以国家文化公园之名大兴建设，其实不然。国家文化公园建设首要的基础是立足于资源禀赋，这个资源首先是与国家文化公园主题相关的文化资源。哪些是与主题相关的文化资源呢？还是得回归国家文化公园的价值内涵研究。过去我们往往会先梳理资源，再从资源本身去提炼价值，在特定的国家文化公园中这样做是没有问题的，如长征、长城这一类主题界定很清楚的国家文化公园。但像大运河、黄河、长江这三个国家文化公园，涉及的地域广、时段长，我们就需要先捋清其价值内涵，在价值框架下去建立遴选标准，确定纳入建设范围的文化资源。可通过事先设定若干具体指标，来评判资源与主题的相关性。此外，还需要根据资源的保护级别进行筛选，选择价值重大的文化资源作为保护、展示和利用的对象。除了文化资源外，自然资源能否被纳入其中呢？笔者认为这需要具体情况具体分析。有一部分自然资源，在几千年的历史长河中，被人们赋予了丰富的人文内涵，同时也与国家文化公园的主题相关度高，这部分是可以纳入的。例如长江三峡，我们将它纳入长江国家文化公园，因为它也被赋予了人文内涵，这是它作为保护、展示和利用对象的核心价值所在。

国家文化公园建设的其他基础还有基础设施条件、保护展示及阐释工作基础等。基础设施条件包括国家文化公园与外部连接的区域间交通,建设范围内串联各核心展示园的区域内小交通,发展文化旅游必需的"衣、食、住、行"等。这些大的基础设施建设不能完全寄希望于通过国家文化公园建设来解决,而是要借力其他规划来实现。保护展示及阐释工作是伴随国家文化公园建设始终的一项工作,需要在传统手段的基础上,多利用新的方法和手段,在保护文物及文化资源真实性、完整性和延续性的同时,全方位展示和阐释其文化内涵,发挥其社会效益。

四、国家文化公园的核心空间

按照《长城、大运河、长征国家文化公园建设方案》,从这三个国家文化公园建设开始,就确立了国家文化公园按四类主体功能区建设的模式和思路,包括管控保护区、主题展示区、文旅融合区和传统利用区,这是国家文化公园建设的核心空间。这四类主体功能区在空间上是不断向外扩展的关系。以长征国家文化公园为例,管控保护区,明确由长征文物保护单位保护范围和建设控制地带、新发现发掘长征文物遗存临时保护区组成。主题展示区,包括重点展示园、集中展示带和特色展示点三种形态。重点展示园依托历史意义重大、主题鲜明且交通便利、开放条件较好的国家级长征文化资源及其周边区域形成,是长征国家文化公园参观游览和文化体验的主体区;集中展示带以重点展示园为基点,汇集形成文化载体密集地带;特色展示点主要依托布局相对分散,但具有特殊历史价值、文化意义或体验价值的长征文物或文化资源进行建设,提供分众化的参观游览体验。文旅融合区,由主题展示区及其周边就近就便和可游可览的历史文化、自然生态、现代文旅优质资源组成,原则上以县(市、区)为基本单元划定,为文化和旅游融合发展、设施优化提升提供空间保障,形成长征国家文化公园的价值延展示范空间。传统利用区,由长征沿线历史文化名城名镇名村、历史文化街区、传统村落、少数民族特色村寨等组成。重点依托与长征史实关联紧密、基础条件较好的村落、镇和街区,推进红军长征村、长征主题红色小镇、红军街的建设,形成传统利用与红色记忆延续、红色文化活态传承相结合的典范区域。

上述四类主体功能区中,有的是有明确空间界限的,如主题展示区中的重点展示园、特色展示点,其他的空间界限相对较模糊。在国家文化公园建设中,如何来处理这种空间关系呢?在2022年中共中央办公厅、国务院办公厅印发的《"十四五"文化发展规划》中,明确提出了国家文化公园实施公园化管理运营。管控保护区涉及的内容目前主要是由相关的

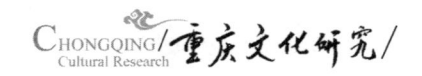

行政部门,如文物、规划和自然资源等部门依据相关的法律法规来保护和管理,重新设立一套管理体制意义不大而且不利于工作开展。

五、结语

目前,国家文化公园仍然属于新生事物,在保护、展示和管理运营等方面都需要继续探索,寻找适合各地的体制机制,达到党的二十大报告提出的"建好用好国家文化公园"的要求,满足人民群众日益增长的精神文化需求。

城乡建设中历史文化保护传承系列评论

【编者按】党的二十大报告提出,"加大文物和文化遗产保护力度,加强城乡建设中历史文化保护传承"。我们要以科学的文化价值观为导向,促进历史文化保护传承与城乡建设相融合,更好实现历史文化的科学挖掘、保护利用和传承发展。为了深入讨论重庆在此领域的工作基础、已有成果、现存问题和未来方向,我们邀请了相关领域的文化工作者,介绍其所在地区的区域特色文化在助推城乡建设过程中的优势、现状和问题。主要内容包括"楹联名流"助推江津城市文化的高水平发展,丰都庙会习俗与城市建筑的融合发展,以及石柱土戏在现代化语境中的转型和探索。

挖掘楹联文化富矿 提升城市文化品质

庞国翔(重庆市江津区文化和旅游发展委员会)

鼎山风雅颂,几水赋比兴。江津,位于长江上游,地处渝西,因地处长江要津而得名。这里历史悠久,人文荟萃,大山大水,美丽富饶。聂荣臻元帅生于此,陈独秀先生逝于斯。现有人口约136万,辖5个街道25个镇,面积约3200平方公里。

约6000年前就有远古先民在江津繁衍生息。江津古时曾析置七门郡,新中国成立后设江津专区。江津是重庆首个市级历史文化名城。重庆市现有中国历史文化名镇23个,江津占5个,是全国历史文化名镇最多的区(县)。重庆市100名本籍历史名人中,江津占10名,数量列全市区县第二。

江津地理位置特殊,蜀文化、巴文化、黔北文化在此交融,形成了独具江津地域特色的文化。而在江津的地域特色文化中,楹联文化独占鳌头。

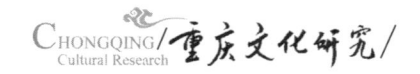

江津东门公园内的"藏联阁",钟云舫1612字的"天下第一长联"就悬挂于此　袁伟 摄

一、江津区挖掘楹联文化回顾

江津挖掘楹联文化,源于清末著名巴蜀才子钟云舫及他在狱中撰写的1612字的"天下第一长联"《拟题江津县临江城楼联》。岁月沧桑,世人几乎忘却斯人斯事,但雪泥鸿爪,史留微痕。江津对楹联文化的挖掘可略分为五个阶段。

(一)民间自发传承阶段

清末到民国时期,钟云舫所著的以楹联为主要内容的《振振堂》在江津、璧山、綦江等地至少刊行过5次。钟氏的长联和其他楹联作品在巴蜀地区广为流传。特别是钟氏用对联讽刺贪官、为民作主的故事,在民间广泛传播。

(二)联友和专家自主研究阶段

该阶段大致在新中国成立至1986年的这30多年间。1958年前后,诗人凌文远任江津县委书记时,时瑞典籍楹联爱好者来函了解钟氏长联情况。凌文远指示县文化馆要注意这方面的工作。1986年,四川叙永县人余德泉教授对这副长联进行了注释。时江津教师龚灿滨也开始研究与阐释此联,余、龚进行交流后,余很快就完成了长联的注释工作,并将该联及其注释收入他编纂出版的《中国长联三百三》书中,此是最早的长联注释本。其间,江津政协的《江津文史资料》介绍了钟云舫。四川楹联学会等编辑出版了《振振堂联稿校勘本》等书籍。

(三)相关职能部门积极参与阶段

该阶段大致在1986年至2006年的20年间。相关部门开始重视江津楹联文化的挖掘,江津政协等单位多次召开了钟云舫研究座谈会,在东门公园内建起"藏联阁",阁内悬挂着在28块楠木板(面积共40.52平方米)上镌刻的长联。1988年,县政协编印《钟云舫先生佚诗》一书。中国楹联学会原副会长常治国在一重要会议上说:"我国文化史上书圣有王右军,画圣有吴道子,茶圣有陆羽,诗圣有杜甫,联之有圣,非钟云舫夫子莫属。"楹联界对称誉钟云舫为中华联圣大加赞同,诸多领导和专家题诗撰联,赞誉联圣钟云舫为中华楹联艺术所作出的伟大贡献。于是"中华联圣"和"天下第一长联"的名声传遍全国。《人民政协报》《中国旅游报》等发表著名国学大师王利器等推介钟云舫及其长联的文章后,引发热烈反响。1999年,重庆市地方志办公室牵头,实施"钟云舫振振堂全集研究"课题。其后,杨启华的《联圣钟云舫对联五百副》和江津楹联学会的《钟云舫楹联代表作》等出版。钟云舫被评为重庆市历史名人,寻访钟氏旧居、故居和坟茔等活动也开始广泛开展。

(四)政府高度重视、积极助推阶段

该阶段大致在2006年至2012年间。江津楹联文化富矿挖掘成绩显著。江津被授予"中国楹联文化城市"称号。2006年1月6日,时任市人大常委会副主任康纲有给时任市委书记汪洋报告研究钟云舫等事项,得到汪洋书记等市级领导的支持。"钟云舫及《振振堂》集研究"课题被列入重庆市"十一五"社科规划重大项目,江津、重庆分别成立课题组。多所高校的专家、教授参与到课题研究之中。5年研究,成果显著:《钟云舫全集校注》7卷和《钟云舫研究》7卷共14部专著、400万字出版。2007年9月,江津与重庆大学、中国楹联学会等多个单位联合举办了"纪念联圣钟云舫诞辰160周年暨海内外学术研讨会",再次倡导将钟氏尊崇为"联圣"。2012年9月21日,江津举办了"纪念中国楹联圣人钟云舫诞辰165周年暨联圣工程成果庆祝大会",来自全国的专家、教授和文化部领导共120人出席。此外,江津本土专家对楹联文化的挖掘和研究也取得优异的成绩,总结出钟云舫楹联作品的思想性、斗争性、艺术性、多样性、创造性的特点。江津电视台和重庆卫视播出了钟云舫专题片等节目。

（五）后续和后发阶段

该阶段大致为2012年至2020年间，是江津楹联文化挖掘和研究的后发力期及成果运用期。其间，两项"非遗"申报成功。关于钟氏的故事被搬上舞台和荧屏。送春联下乡、楹联研讨会、二度文艺创作等活动广泛开展。在第二届中国文化馆年会暨文化艺术博览会上，美观别致、充满韵味的江津展馆"联圣故里·楹联之城"登场，受到全国群文系统内专家、学者热捧。修复联圣钟云舫故居也受到社会各界广泛好评。

联圣故里

二、江津楹联文化富矿挖掘和研究成果

江津楹联文化富矿的挖掘和研究工作一年接着一年干、一届接着一届干、一代接着一代干，没短期行为和阶段性行为。正因如此，才取得显著成果。

（一）称号、荣誉、奖励

"中华联圣钟云舫"称号的确定。经过深入而广泛的挖掘和研究，在全国楹联界、文化界的努力下，中国楹联学会首先提出"中华联圣钟云舫"的称誉，得到各界的赞许与认同。"中华联圣钟云舫"称号的确定结束了"联无圣"的历史。至此，中国有了"六圣"，即诗圣杜甫、画圣吴道子、书圣王右军、词圣苏轼、曲圣关汉卿、联圣钟云舫。

"天下第一长联"的认定。早前，人们普遍认为"天下第一长联"是清代孙髯所撰180字的《昆明大观楼联》或潘炳烈所题的350字的《题武昌黄鹤楼联》，竟不知有钟云舫所撰1612字的《拟题江津县临江城楼联》。该联为钟云舫在狱中所作，并无一书可参阅，竟一气呵成。此外，钟云舫所著《振振堂联稿》及其他文集中的联作达5000多副，100字以上的长联有10副，300字以上的长联竟达4副。

"天下第一奇联"的认定。楹联界经过广泛而深入的挖掘和研究，认定江津四面山朝源观古联"霞友朝朝朝朝朝朝朝朝；云朋观观观观观观观观"和"善茅长长长长长长长长；习三乘乘乘乘乘乘乘乘"是"天下第一奇联"。《中国旅游报》曾下"重金解奇联"英雄帖，但无人能解。

获批"中国楹联文化城市"称号。因有着楹联文化的富矿，并开展了丰富的群众性楹联创作和研究活动，取得了优异成绩，在2008年，江津区被授予"中国楹联文化城市"称号，是目前重庆市唯一的"中国楹联文化城市"。

重庆楹联之镇——中山镇。2004年，中国历史文化名镇江津区中山镇被重庆市楹联学会评为"楹联之镇"。这是重庆市最早被授予"楹联之镇"称号的镇街之一。该镇建有楹联一条街、楹联广场等，极大提升了古镇的文化品位。

"江津楹联习俗"入"非遗"。2014年，"江津楹联习俗"被列入重庆市第四批市级非物质文化遗产代表性项目名录，保护单位为江津区文化馆，传承人邓正益、王达政、庞国翔。

"钟云舫民间故事"入"非遗"。2016年6月，"钟云舫民间故事"被列入重庆市第五批市级非物质文化遗产代表性项目名录，属民间文学类，保护单位为江津区作家协会，传承人庞国翔。

获得重庆市第八届艺术奖。2020年，庞国翔搜集整理的民间文学专著《钟云舫民间故事》获重庆市第八届艺术奖。这是江津区首次获得民间文艺类的重庆市艺术奖。

此外，川剧《三考钟秀才》、民间文学专著《钟云舫民间故事》等项目先后获重庆市文艺创作奖。

(二)理论研究成果

除前文提到的早期阶段出版的关于钟云舫楹联研究的书籍外，"钟云舫及《振振堂》集研究"课题组和江津本土作家、专家也出版了一批专著。

首先是"钟云舫及《振振堂》集研究"课题组经过5年努力，完成了400万字的《钟云舫全集校注》7卷和《钟云舫研究》7卷共14部专著,由中央文献出版社于2011年出版。其中,《钟云舫全集校注》7卷分别是《振振堂校注(一)·振振堂联稿(上)校注》(主编黎新第)、《振振堂校注(二)·振振堂联稿(下)校注》(主编王于飞、黄中模)、《振振堂校注(三)·振振堂联稿续(上)校注》(主编董味甘、董道书)、《振振堂校注(四)·振振堂联稿续(下)校注》(主编鲜于煌、黄中模)、《振振堂校注(五)·振振堂诗稿校注》(主编傅正义)、《振振堂校注(六)·振振堂文稿校注》(主编贾雯鹤、敖依昌)、《招隐居校注·附火坑莲校注》(主编刘明华、黄大宏、熊宪光)。《钟云舫研究》7卷分别为《钟云舫研究论文集》(主编欧可平、颜克亮、邓清洲)、《钟云舫评传》(黄中模著)、《钟云舫诗歌研究》(主编傅正义)、《钟云舫诗文选注》(主编敖依昌、谭大樑、黄中模)、《钟云舫散文研究》(主编敖依昌、贾雯鹤)、《钟云舫楹联研究》(主编黄中模、董味甘)、《钟云舫天下第一长联集注与审美解析》(主编黄中模、邹鸿光、张述寅)等。

江津课题组研究成果不少。设在文化馆内的课题组由区文化广电新闻出版局具体负责,成员有张述寅、邹鸿光、王达政、庞国翔、钟永琪以及其他3名同志。编印了《钟云舫及〈振振堂〉集综合研究及文献基础研究调查报告》。江津本土专家也出版有一批专著:《联圣钟云舫这个人》(大众文艺出版社2008年出版,庞国翔著)、《振振堂联稿全集》(内蒙古人民出版社2010年出版,庞国翔主编)、《联圣钟云舫诗话联话》(团结出版社2015年出版,庞国翔著)、《钟云舫民间故事》(团结出版社2017年出版,庞国翔著)、《钟云舫全集》(西南大学出版社2021年出版,王达政主编)。由区古籍保护中心、区图书馆实施的地方古籍再版工程"钟云舫《振振堂全集》"于2016年完成。

(三)文艺创作成果

2010年,著名作家、江津人舒德骑创作的45万字长篇历史小说《联圣钟云舫》由重庆出版社出版。这是写钟云舫的第一部长篇小说。该书出版后,在文学界和楹联界影响很大。

2011年8月,重庆卫视名档《品读》播出访谈节目《品读·联圣钟云舫》(上、下集),著名主持人祝克非与江津钟云舫研究专家庞国翔以对话形式介绍了钟云舫为中华楹联艺术所作出的伟大贡献,并在节目中赏析了钟云舫的部分楹联作品。此后,爱奇艺等平台也相继推出该节目,宣传效果极佳。

2015年,江津区向文化部申报的"全国文化信息资源共享工程"九集电视连续专题片《联圣钟云舫》获批。该项目由区文化委、图书馆出品,区作家协会、楹联学会协助拍摄。该专题片分《人文江津》《楹风联乡》《铮铮硬汉》《长联华章》《小技大观》《嬉笑怒骂》《寻访联圣》《联耀古今》《楹联之城》九集,时长共120分钟,编剧为庞国翔。该片由全国公共文化共享资源平台展播,然后点播。江津电视台也曾播出该专题片。

上演大型系列川剧《联圣钟云舫》之《三考钟秀才》《高牙茶馆》。两部戏均由本土著名剧作家邓新志和文史作家庞国翔任编剧。2019年4月23日,《三考钟秀才》在区广播电视台演播厅首演,由邝达中、刘晓红主演。这是首次将钟云舫搬上川剧舞台。该年9月8日,《高牙茶馆》在区广播电视台演播厅首演。

收集整理钟云舫民间故事。从1984年起,先锋、高牙等乡镇文化部门以及区文化馆和区作家协会就开始收集整理钟云舫民间故事。区文化馆编印了《钟云舫民间故事》小册子,开展了"钟云舫民间故事"比赛。2016年,庞国翔收集整理的钟云舫民间故事申报市级"非遗"成功。庞国翔的专著《钟云舫民间故事》于2018年公开出版发行,后于2020年获重庆市第八届艺术奖。

三、楹联文化设施提升江津城市品质

波宽浪急的长江奔腾至江津,绕鼎山和艾坪山流成"几"字状,因这里的山形水势,"鼎山几水"成了江津的代称。江津是一座美丽的山水之城,诗风联韵无疑又为这美丽的城市赋予了与众不同的文化内涵。

(一)滨江路诗联文化长廊

滨江路诗联文化长廊

为进一步提升江津城市文化品质，擦亮"中国楹联文化城市"这张文化名片，2018年，江津区投资830万元，由区文旅委牵头，区文联配合，在有"万里长江第一路"之称的江津滨江路上建成长1.3公里的"滨江路诗联文化长廊"。"长廊"内容分9大类29小项，包括集雅亭、文化景墙、情景雕塑小品、人行道诗联廊架、护栏文化打造等。在文化长廊内镌刻展示了包括联圣钟云舫创作的"天下第一长联"——《拟题江津县临江城楼联》以及藏于四面山朝源观内的"天下第一奇联"等作品42副（首）。此外，还有钟云舫楹联故事雕塑、景墙等30余处。

（二）鼎山诗联大道

鼎山诗联大道

2019年，江津投入80多万元，由区文联牵头，区市政园林局配合，区作协协助，打造了"鼎山诗联大道"。"大道"起点为区广播电视台，终点为田家炳中学，长约1.5公里。在37尊大理石、花岗石上镌刻了聂荣臻元帅以及陈子昂、黄庭坚、钟云舫、吴芳吉、陈独秀等名人描写江津的诗联作品。鼎山诗联大道成为江津又一独具特色的诗联文化景观。其中田家炳中学段的"花影联墙"尤为新颖别致。

(三)鼎山诗联文化主题公园

鼎山诗联文化主题公园

2020—2021年,江津区投资40万元,由区文联牵头,区市政园林局配合,区作家协会、区诗词学会和楹联学会协助,在鼎山公园内植入诗联文化元素,打造了鼎山诗联文化主题公园。鼎山诗联文化主题公园从进入公园的牌坊大门起,沿上山公园景观大道,绕湖泊一周再到花田花海支路,主步行道全长3公里。17个重要节点或道口竖立17尊形态各异、醒目可见的奇石,奇石材质以汉白玉、花岗石为主,每尊高1.5～2.0米,宽1～2米,厚30～40厘米,正面或正背面镌刻有32首(副)诗联作品。诗联作者包括联圣钟云舫以及杜牧、苏轼等著名诗人。诗联作品由江津本土书法家书写后,再由工匠镌刻于石,做到了园中有景、景中有石、石上有诗联。

(四)其他诗联设施

江津区除建设有"滨江路诗联文化长廊""鼎山诗联大道"外,还在主城几江半岛城区打造了幸福大道等诗联广场3个,打造了沁园春、东城中央、半岛明珠等诗联小区6个,打造了琅园、湖上等诗联墙15处,打造了诗联文化景观30处。在主城外打造有龙门诗联广场、蔡家诗联广场、罗坝新村诗联一条街、蔡家岗诗联一条街等等。

诗风联韵,人文江津。近些年来,江津区经济建设取得突飞猛进的发展,走在同类区县前列,此与全区人民群众具有高度的文化自觉和文化自信不无关系。江津区被评为"重庆历史文化名城""中国宜居宜业典范区",滨江路人居环境综合整治项目获"中国人居环境范例奖"等,这与对厚重的楹联文化的挖掘和利用不无关系。楹联昭日月,开启新征程,江津的明天将会更加美好。

城与历史文化的融合与演进
——谈丰都庙会发展

雷程元（重庆市丰都县文化和旅游研究院）

一、庙会回应当前时代

丰都庙会是国家级非物质文化遗产代表性项目，是三峡文化的一种表现形式，承载着诸多的民间民俗事象。丰都庙会融民间文化、艺术展演、经济交流和旅游观光于一体，吸引了全国各地游客以及海外华人前来参与。由于三峡工程建设的需要，丰都老县城需要整体拆迁。在丰都县城整体搬迁后，随之而来的问题是，如何满足人民日益增长的美好生活需要？城乡历史文化如何保护传承？丰都庙会如何在新县城传承下去，如何在传承中"活起来""火起来"？

近年来，历史学、社会学、文化学的专家及学者怀着人文、民族情怀，对丰都庙会的传承和发展开展了深入的研讨论证，积极探索如何妥善处理好保护与传承的关系，在提炼和弘扬历史文化价值的过程中，促进创造性转化和创新性发展。这些研究也取得了一些成果。经多方的共同努力，丰都庙会保留了始于1988年的"阴天子娶亲"巡游活动。该巡游活动在新县城主干道进行，巡游展演的内容不仅有丰都历来的传说故事，还增设了体现鬼城文化的卡通动漫队伍。传统的民俗故事和现代文化潮流有机融合在一起，让"阴天子娶亲"巡游活动焕发新的生机。丰都县党政大楼外的广场上则开展万人长跑活动，全县各个单位及民间组织的参与者穿着本团队的特色着装，从起点跑到终点。万人长跑活动虽然是现代体育活动，但是其具有传统庙会的集聚功能，沿袭了传统庙会上多方人员参与的形式，并将庙会中的信徒活动转变为全民参与。此外，在体育馆里举办的全球海选"天子娘娘"、在移民广场开展的"鬼面街舞大赛"、在体育场进行的"动漫展"等活动，都是当地特色文化与当下时尚文化相融合的活动形式。这些活动蕴含当地特色文化的内核，但在活动形式、活动内容等方面推陈出新，吸引了许多人参与。如今，虽然新县城城市面貌焕然一新，但是人们的传统习俗依然保留，并在传承的基础上结合当下文化不断创新延续。

除了在新县城开展各种庙会活动，老城的名山景区、小官山上的古建筑群也是庙会活动场所之一。小官山古建筑群再现了明清时期典型的川东古民居、寺庙、城门的历史风貌，有重要的历史价值和艺术价值，同时，它们也是三峡工程和三峡文物大抢救的"见证者"。

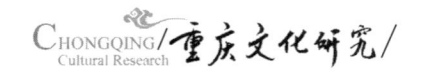

小官山建筑群占地面积约2万平方米,建筑面积约8000平方米,内有川江枢纽会川门、天佛寺、周家大院、秦家大院、王家大院、陆聚合等。

二、庙会和古建筑群融合

在庙会期间,名山上的寺庙要举行各种宗教活动,吸引全国各地以及海外的善男信女上山祈福敬香,其中,香港、台湾的同胞都是组团而来。传统的庙会是一种有着文化凝聚力和向心力的中华民俗活动,是中华儿女共同的精神遗产。在这种悠久的文化传统中,信徒参加到各种有意味的活动中,这热闹的场景往往又吸引了大量非信徒参与其中。古建筑群里的活动是近年丰都庙会的亮点,包含了各种形态各异的艺术内容。

(一)秦家大院

该建筑建造于清末民初,原是位于高家镇官田沟的一栋"江景别墅"式的古民居院落。大院坐东南而向西北,由前厅、左右厢房、正厅组成,逐级增高,四周以封火山墙围合。大院占地面积1573平方米,建筑面积1031平方米。院子总体上为砖木结构,穿斗与抬梁混合式梁架,硬山式屋顶,青瓦屋面,木板墙,格子雕花门窗,雕花石柱础,青石墁地,是典型的晚清民国时期川东民居建筑风格。建筑结构中有部分是全木的,木结构上有20多种雕刻,精美无比,具有浓厚的地域特色。秦家大院是三峡库区乃至西南地区保存最完整的古建筑之一。

《秦香浦义助陈兰亭》话剧讲述的是秦家大院第一任主人秦香浦乐于助人的故事。秦家大院的中庭作为演出场所,四周是随意歇坐的茶位,营造了一种悠闲舒适的慢生活氛围。这个戏剧以陈兰亭斗殴事件开始。陈兰亭是著名武术家,抗日爱国将领,国民党中将,石柱县大歇镇陈高村人。少年时本是一个无赖之徒,因家庭贫困,辗转去了洋渡、西沱等地,成天与地痞流氓混在一起。一次,秦香浦的船队路过西沱停靠,看到岸上很多人围成一团,叫骂声不断。原来,是年少的陈兰亭抢了大户人家的东西,大家决定将他杀头示众。秦香浦见陈兰亭年岁虽小,却气宇轩昂,有英武之气,断定将来必非池中之物,于是出面调停,希望给陈兰亭一条生路。大家看到说情的是远近闻名的秦香浦,自然就放了陈兰亭一马。故事煞尾:陈兰亭日后果成大器,成为起义将领之后,折返重访秦香浦,终叙一段金兰佳话。

四川评书《风雨秦家大院》也在秦家大院内与话剧交叉演出,而茶座提供的茶水则是由青龙茶泡制。四川评书已被列入国家级非物质文化遗产代表性项目名录,而青龙茶也于2019年被纳入重庆市第六批市级非物质文化遗产代表性项目名录。

秦家大院里的四川评书

通过话剧与评书，观众了解了秦家大院的历史以及当时的人文背景，在欣赏艺术节目的同时受到了文化熏陶。在古建筑群中演话剧、说评书，讲述不同的故事，于观众而言，既有新鲜感，又有知识性。

（二）周家大院

该建筑是当地保存完好的晚清民国建筑遗存之一。原址位于丰都老县城中共丰都县委党校附近的平都路41号，坐西北向东南，一楼一底，原为清末民初中等阶层的宅第，由前厅、中厅、后厅、前后东西厢房构成，四周围合封火山墙，组成一个完整的院落。房屋为青瓦屋面，砖木结构，穿斗与抬梁式木结构结合，建筑无雕刻装饰，颜色呈现为建筑材料的本色。整个建筑占地面积1008平方米，建筑面积740平方米，具有川东古民居的显著特征。

周家大院里主要有三个非遗项目的呈现，这三个项目分别是婚庆民俗、老八碗、麻辣鸡块联合展演展示。其中最特别的要数婚庆民俗，其场面热闹非凡，主要包括迎娶、拜堂、谢媒等传统婚庆环节。首先，新郎领着迎亲队伍，停在周家大院坝子上，新郎在媒婆带领下进入中堂，拜见岳父岳母，完成三拜（拜天地、拜高堂、夫妻对拜），答谢媒婆。然后，新郎领着新娘坐上花轿，将新娘娶回家。整个过程具有仪式感、庄重感，观看婚庆展演的观众就像是来参加婚礼的客人，沉浸其中。婚庆民俗的展演体现了人们内心对喜庆的向往，对婚姻责任的重视，对传统习俗的传承。

周家大院里的婚庆民俗——迎亲

麻辣鸡块传统技艺是重庆市级非遗项目,作为丰都特有的传统名小吃,其集色、香、味于一身,色泽红亮,香味浓郁,味道麻辣咸鲜。入口后,辣得有力,麻得够劲,回味悠长。目前,丰都县注册与麻辣鸡块有关商标的公司有800余家,从鸡苗的培育、土鸡的养殖、流水线的屠宰、成品的制作,到产品的销售、品牌的树立、人才的培养、协会的发展,形成了完整的产业链条。当地很多农户在公司专业人员的指导下养殖土鸡或进公司制作麻辣鸡,从而实现脱贫致富,最具代表性的是三建乡非遗麻辣鸡工坊。该工坊主要由麻辣兄弟食品有限公司(孙记麻辣鸡)负责,吸纳三建乡的村民到工坊务工,产品通过"线上+线下"渠道销往全国各地,每月创收10万元左右。非遗工坊的建立使农产品入市更加便捷、高效,产生的效益也更好,让村民依靠自己双手勤劳致富,实现了人生价值。

(三)王家大院

王家大院原址位于名山镇中山路195号。该建筑坐南朝北,采用穿斗与抬梁混合式构架,呈两进四合院布局,由前厅、后厅、厅后配房、左右厢房组成,四周以封火山墙围合,占地面积1328平方米,建筑面积1149平方米,硬山式屋顶,小青瓦屋面,条石铺地,布局别致灵活,雕刻工艺精湛,是颇具峡江传统特色的三重堂民居院落。

木棒头戏(木偶戏)是在王家大院进行展演的主要非遗项目。以中堂为戏台,大院前厅走巷为观众席,主要展演的故事为"阴天子娶亲",其讲述的是阴天子娘娘卢瑛和"阴天子"

邂逅并相识的故事。故事来源于重庆市级非遗项目"丰都县民间故事"。鬼神民俗文化起源于原始的宗教信仰,在发展中,又融合了儒、释、道思想,其通过文学、雕塑、建筑、绘画、音乐、舞蹈和民风民俗等形式传承。鬼神民俗文化内涵丰富,其蕴含了"惩恶扬善、唯善呈和"的思想要素,具有"和人心"的特征。

王家大院里的木偶戏

(四)陆聚合

该建筑原址位于名山镇中华路153号,坐西南向东北,占地面积5805平方米,建筑面积3010平方米,由上、中、下三组院落并排组合而成,各院均以封火山墙隔离但又互通。院子内的梁、柱、窗、门皆饰以木雕图案,或祥禽瑞兽,或鱼虫花卉,无不栩栩如生。

上院是县级非遗项目鬼城瓢画、叶脉画及传统书画展区。鬼城瓢画即鬼脸谱瓢画,即在不规则的木瓢上,顺着纹理绘制出夸张怪异的鬼脸。其用色大胆,笔触简练,构图异于常规,是鬼神民俗文化衍生的特色工艺品,在1994年被文化部(现文旅部)评为"中国民间艺术一绝"。

中院是市级非遗项目朱氏麦秆画制作技艺、县级非遗项目唯善剪纸传统美术展示及体验区。朱氏麦秆画的制作方法是将麦秆进行加工处理后,用烙铁在麦秆上绘画。唯善剪纸的内容丰富,风格多样,在庙会期间,其作品主要呈现与庙会相关的题材。

陆聚合中院的唯善剪纸

下院是县书协、画协的会员进行现场书画展示的地方。

陆聚合下院的现场书画展示

古建筑群里的院坝面积大,院子里房间多,展现了很多本地特色文化项目,也有一些外地文化项目在此展演。展演内容有楼子山迎春狮舞（市级非遗项目）、龙河高台狮舞（市级非遗项目）以及来自杂技之乡河北省吴桥县的吴桥杂技。此外，还有捏泥人、画糖画等传统技艺展示，以及麻辣鸡、凉粉、凉面、麻花、糖葫芦、棉花糖等传统食品售卖。

楼子山迎春狮舞表演

吴桥杂技表演

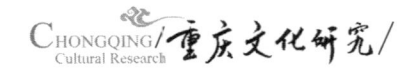

三、庙会是丰都城独一无二的文化标志

党的二十大报告提出:"加大文物和文化遗产保护力度,加强城乡建设中历史文化保护传承,建好用好国家文化公园。"在城乡区域文化提升的背景下,丰都庙会该如何发展?

历史文化保护与传承的核心是把握"根"与"魂"。保护与传承历史文化必须有"根"与"魂"的意识,即要把握文化遗产的本源。历史文化传承保护的关键在于特色价值认知。例如,大名山景区的古建筑群保留了当地特色的建筑文物,遵照文物保护修缮的原则,没有改变原材质、原结构;搬迁至双桂山国家森林公园中的小官山上重建的建筑,每个院落都保留了自己的特色,延续了其人文历史脉络。在此基础上,建筑群融合到丰都庙会的活动中,使庙会的影响力更大,也让古建筑群得到更好的保护传承,实现了多赢——既增强了城市地域特色,又提升了城市文化品质,还促进了地区文化高质量发展。

历史文化保护传承与创新发展是文化演进的必然。而文化演进与人类行为之间是紧密联系的。历史文化的保护传承与创新发展需要人的参与。就丰都庙会而言,在城市搬迁中,其不仅被保存了下来,还在当代"活"了下来。近年来,随着影响力越来越大,丰都庙会上的外来游客逐年增加,庙会期间,酒店、旅馆的游客爆满。笔者建议,相关部门可以将丰都庙会中的部分活动改在中元节、元宵节举行。比如夜游鬼城活动完全可以在中元节开展。这样,既可以保持丰都的城市影响力,又可以让节会经济获得持续发展。

传承历史文化,是继承和发扬传统文化中的精粹,而创新则需要积极探索历史文化发展的客观规律,挖掘其与社会主义核心价值观相契合的部分,在保护好其文化内核的同时,融入新时代的元素,找到历史文化在当今城乡建设背景下正确的呈现方式,持续发挥历史文化对于强化民族认同、增强民族凝聚力的价值。

石柱土戏在现代城乡建设语境中的转型与探索

张严威(重庆市川剧院)、蒋长朋(重庆市文化和旅游研究院)

石柱土戏是2009年重庆市人民政府公布的市级非遗保护项目。据《中国戏曲志·四川卷》记载,土戏大约起源于清康熙年间。新中国成立前,土戏一直在石柱县沙子、湖镇、官田、中益一带山乡演出。由于部分内容带有封建迷信色彩,故在新中国成立后,土戏少有演出。1979年,十一届三中全会以后,文化主管部门对土戏进行了调查发掘工作,去其糟粕、取其精华,逐渐恢复了土戏演出活动。石柱土戏主要流传于石柱土家山寨,这些区域与外界相对隔绝,随着时代变迁,石柱土戏已经濒临灭绝,亟待以创新的方式进行挖掘和复苏。

2019年4月15日,习近平总书记来到石柱县中益乡,实地考察脱贫攻坚工作。总书记的到来推动了石柱县各项事业的发展。文化的脱贫攻坚工作同样需要贯彻落实。于是,石柱县文化馆通过查找20世纪七八十年代拍摄的演出视频,花大力气整理了剧本《四值功曹》,并依托两位老艺人的记忆恢复了该剧的演出,演员都是石柱县中益乡当地的土家族村民。党的二十大报告提出,要"加强城乡建设中历史文化保护传承"。《四值功曹》的恢复演出就是对濒临灭绝的石柱土戏的挖掘和复苏,是对旧的演出习俗的恢复,是保护石柱土戏的一项重要手段。这次演出给观众留下了深刻的印象:高亢的啰儿调、喧腾的土家耍锣鼓、演员与观众的插科打诨,具有浓浓的土家风情。然而过于质朴的表现方式、较为松散的戏剧结构与当代观众的审美需求尚有一定差距。如果要在当前文旅融合的背景下将石柱土戏搬上舞台并使其成为观众所喜爱的舞台作品,则需要对原生形态的石柱土戏进行分析和研究,寻找创新石柱土戏的方法和思路,用舞台演出的形式把石柱土戏传承下去。

新编石柱土戏《秦良玉和马千乘》便是在此背景下产生的。该剧植根于石柱土戏传统,以流传于石柱地区的秦良玉比武招亲的民间故事改编创作而成。秦良玉是中国历史上唯一一位被列入正史的女将军,是石柱文化中宝贵的文化IP(知识产权,intellectual property)。因此,选择秦良玉这个文化符号来创作石柱土戏是可以的。但是,石柱土戏是一个世俗特征十分鲜明的小剧种,其内容主要反映民间生活,如关于贺寿的《八仙庆寿》,关于修房的《灵官镇宅》,关于娶媳、生子的《金童玉女》等。那么,作为民间小剧种的石柱土戏要如何表现巾帼英雄秦良玉呢?对此,创作者主要在思想性、艺术性、观赏性方面进行了有益的现代化探索。

石柱土戏《秦良玉和马千乘》演职人员合影

一、女性独立：人文精神的融入

《秦良玉和马千乘》放弃了宏大历史叙事，独辟蹊径，关注少女秦良玉丰富的内心世界。故事讲的是少女秦良玉比武招亲的第五个年头，马千乘带阳钗下山找她，希望能按"娃娃亲的约定"，日月合钗，"三媒六聘"完婚。秦良玉却非要与马千乘在擂台上一决高低。二人意见不合，秦良玉愤而把月钗抛进东溪。擂台开战，秦良玉的父亲秦葵因愁女儿嫁不出去，闹出不少笑话。秦良玉打败所有应征者，心灰意冷。在秦良玉心灰意冷之时，马千乘来攻擂了，原来，他昨日冒死从东溪中寻回月钗并明白了秦良玉的心意。在欢乐的土家锣鼓声中，马千乘战胜秦良玉，日月合钗，终喜结良缘，这也成就了之后马秦夫妇在中国历史上驰骋疆场的爱国主义传奇。

石柱土戏《秦良玉和马千乘》剧照（一）

该剧借助于历史的外壳，将之"陌生化"处理，消解宏大叙事，转向刻画秦良玉的日常生活，以审美的眼光观照历史，从历史中发现新意，表现人类共同的精神困惑，传达历史所蕴含的现代哲思，并融入女性独立意识。更重要的是，该剧的关注点在于刻画"人"，刻画真实、复杂的"圆形人物"（拒绝单一、扁平的人物形象）。该剧借古代人物秦良玉呼唤人性的自由。剧中，秦良玉认为女人应当和男人一样担负保卫国家的重任，因此，她将"具有报国大志且同时理解她沙场驰骋心愿"作为择偶的标准。这体现了鲜明的时代精神和人文精神。

石柱土戏《秦良玉和马千乘》剧照（二）

二、剧种特质：保持土戏的艺术风貌

在城乡建设中，城市化、现代化进程加快，传统文化艺术面临传承危机，包括石柱土戏在内的一些地方戏正在被不同程度地整合着，LED多媒体化、戏曲歌舞化不同程度地侵蚀着地方戏，地方戏的同质化倾向越来越明显。有些不同的剧种听起来却是同一个唱腔、同一种声音，方言减少渐至消失、声腔受损，难以看到其艺术源头；缺乏地方性日常生活、历史经验、文化心理的积淀，难以唤起本土观众的记忆。在同质化的过程中，地方戏剧丧失了丰富性和多样性。诚如剧作家罗怀臻所言："一个剧种，一种方言，一套声腔规律，都有着某种'规定性'，这种'规定'是使此一剧种区别于彼一剧种的'天书密码'，可以感觉，可以认定，却较难破译。因为它是整体性地潜伏在某一区域或者剧种的生存心理上的，它是一个历史的生命现象。"[①]所以，石柱土戏要重新找回文化自信，尊重"剧种特质"是第一要务。

---

① 汪人元、罗怀臻.当代戏曲发展的又一种选择——关于戏曲电视剧的对话[J].上海艺术家,1995(5):40.

石柱土戏《秦良玉和马千乘》剧照（三）

　　石柱土戏和石柱地方文化的关系密不可分，石柱土戏的创作离不开地方文化的支撑。石柱是土家啰儿调的故乡，一首《太阳出来喜洋洋》早已红遍大江南北，而石柱土戏正是以啰儿调"歌唱演故事"的少数民族戏曲艺术。石柱土戏在形成之初就是以石柱啰儿调入戏的，同时石柱土戏也具有开放性，它在发展过程中吸纳川剧、花灯戏等戏曲艺术的元素丰富自身。《秦良玉和马千乘》在音乐方面，结合了啰儿调的音乐形态，形成颇具有表现力和感染力的音乐语汇，以此保留土戏的音乐意蕴。为了打造全青春版阵容，也为了传承土戏"耍锣鼓"传统，艺术总监秦泽斌还专门为该剧训练了一支全由青年人组建的锣鼓班。在整体艺术形式上，剧中编排了土家少男少女的摆手舞、玩牛、西兰卡普旗舞、板凳龙等，这些传统民间艺术都恰到好处地融入了故事情节，是对传统民间艺术的合理化运用。值得一提的是，青年演员罗楠担任了该剧的副导演，这也能鼓励青年艺术家参与到传统戏剧艺术创作之中。

石柱土戏《秦良玉和马千乘》剧照（四）

在笔者看来，只有充分认识到地方文化的魅力和价值，重视地方戏剧的程式、唱腔、行当，才有可能使地方小戏"活"在舞台上。在这一点上，《秦良玉和马千乘》是成功的。

三、现代化探索：艺术手法的多元化

传统戏《四值功曹》是对濒危的石柱土戏的挖掘和复苏，是传统的土戏。"传统"一词指的是过去某一时段的创作、演出经验，是"流"而不是"源"。时代在变化，观众的审美需求也在不断变化。随着城市化、现代化进程的加快，观众不再满足于艺术作品在形式上求新求变，直击人内心的作品成为其对戏剧艺术的新诉求。《秦良玉和马千乘》的舞台实践就是针对这一需求的艺术探索。

石柱土戏《秦良玉和马千乘》剧照（五）

对于观众，尤其是对于新生代观众而言，除了思想艺术，语言艺术同样是衡量一部作品好坏的关键。《秦良玉和马千乘》的戏剧语言，既有"那个泥鳅儿过捧，女人靠哄；泥鳅过抠，女人靠逗……"这样的俗语、俚语，通俗易懂；也有"溪水如带柳如烟，莺闹燕舞色更妍。何年才得春意满，一枝红杏出墙园"这样典雅、优美的唱词。在保持剧种民间性的同时，提升文学性，从而让现代观众能够抵达土戏的内在核心。

石柱土戏《秦良玉和马千乘》剧照（六）

《秦良玉和马千乘》的创作者有着鲜明的现代意识,着力于对石柱土戏的探索和实验,萃取多种艺术手法打造作品。该剧既秉承高度写意的戏曲艺术神韵,景随人走;又从中国人的文化品位、审美习惯出发,营造出"擂台"的欢乐、诙谐、浪漫场面,创造出人们喜闻乐见的"青春""时尚"版土戏。该剧生动地表达了现代女性的独立意识,激发观众思考社会与人生,具有含蓄隽永的韵外之致,如盐入水,有味无痕。

龚晴皋与朱埏交游考略

朱靖远[①]

(重庆市大渡口区文物管理所)

【摘要】龚晴皋一生交游广泛,喜以书画会友,与其交相往来的既有布衣、官吏,也有僧侣。他早年曾出蜀游幕,客寓江浙,后北地为官,晚年将品评书画、教书育人作为主要的致仕生活内容之一,与众多文士都有交游活动,其中王溥、郭尚先更是嘉、道时期的书画名人。本文结合传记、唱和诗、题刻等交游资料,尝试厘清龚晴皋、朱埏二人的生平逸事和交游状况,增加对他们生平的了解。这也对了解龚氏友朋之间深厚的情谊有所裨益。

【关键词】龚晴皋;朱埏;交游

一、龚晴皋与朱埏生平逸事辨正

龚有融(1754—约1830),字晴皋,号绥山樵子,别号拙老人、避俗老人、退溪居士等,重庆巴县人。乾隆四十四年(1779)举四川乡试。嘉庆十六年(1811)任山西崞县知县。嘉庆二十年(1815)年初,调任石楼县知县,与时不合旋即辞归,返回巴县。过上致仕生活后的龚晴皋"遂怡情泉石,潜心宋儒书",除潜心研究经学、宋学和书法外,还常与本地同辈一起切磋诗文、绘画并互相酬唱。

朱埏(1755—?),字稼轩,一字情田,号菊叟,安徽泾县人,五岁迁蜀入重庆巴县籍。从《读苏轩诗草》可阅知朱氏确切籍贯,《抵泾县》并序曰:"余生于泾,五岁迁蜀,后三十年,来此族聚,村居为告,余幼时事,怅然久之。"乾隆三十六年(1771),入邑庠,为弟子员。后屡应乡试不第,遂无意科名仕进,潜心学问,居家著述。著有《历代统系纪元考》《经义广录》《易经备忘抄》《婚丧礼直指》《经史须知》《循良轨范》《诗韵纪名》《希有录》及《读苏轩诗草》行

[①] 朱靖远(1984—),宁夏银川人,重庆市大渡口区文物管理所文博馆员。

世。《国朝全蜀诗钞》录其诗一首。

朱稑与龚晴皋的交往大概始于二人专心备考时的仕途交际。"记取昔年同负笈"提到朱稑与龚晴皋同为背着书箱的外出求学之人,可推知二人交游之始当不晚于此时。关于朱稑事迹的资料甚少,民国《巴县志》说他"天性孝友,伯仲两兄,拙于谋生,屡破其产,稑辄割己产济之。又以先人祠墓在泾县,跋涉万里,葺祠墓,置祭田,奉父母木主入祠而享祀之,往复五六行"。有《题族兄矩堂小照即以送别》诗二句——"蜀楚千余里,往来与偏幽"为证。(朱稑,《读苏轩诗草》)当时川俗贵重男婴,甚者有溺女陋习,朱稑积极带头乐捐,"又创设德余堂义冢,重修育婴堂"等。其著作,除《希有录》和《读苏轩诗草》之外,其他大都无从考证。对于龚晴皋,清末戴纶喆《四川儒林文苑传》和民国薛志泽《益州书画录》均为其列传,将其生平逸事录入。记录龚晴皋生平逸事的主要文献资料如下:

表1　龚晴皋生平逸事主要参考资料一览表

生平逸事	文献出处				
	《四川儒林文苑传》	民国《巴县志》	《益州书画录》	《听雨楼随笔》	《巴蜀历代文化名人辞典》
避见太守	√	√	—	√	√
开罪抚军	√	√	—	—	√
书画嫁女	√	√	—	—	—
见赠兰翁	—	—	√	—	—

《四川儒林文苑传·龚有融传》记载,龚晴皋"生平善泼墨画,寥寥数笔,生气达出,为草书亦奇,纵脱尘俗,有名于时……某太守生辰,先生时馆于城,竟走避。比还,太守往拜,不见,亦不答,太守亦无如何也……当道欲图一晤,不可得。有门生怜其贫,授以五十金,亦不受。砚田自给,泊如也。相传先生嫁女,不能具妆奁裙布外,书画盈丽而已。及卒,翰墨流传,珍逾拱璧,亦戴良、吴隐之后一段韵事"。文中过生辰的太守应指李枢焕(生卒年不详),江西南城举人,嘉庆十五年(1810)任重庆府知府,民国《巴县志》有传。戴纶喆认为龚晴皋书画作品风格脱俗而富有意境,寄托着龚氏的个性和情操,他出淤泥而不染,志向高洁,不惜得罪官场人物,过着隐居躬耕的生活。传尾还引用东汉隐士戴良与东晋时期廉吏、名士吴隐之嫁女的典故,记述龚晴皋在女儿出嫁时没有置备嫁妆,以书画相赠的故事,隐喻其有隐者的风范。

郭尚先(1785—1833),字元开,号兰石,又号伯抑,福建莆田人。嘉庆十四年(1809)进士。郭尚先以书法名世,本学欧阳询,后兼颜、褚。善绘画,山水之外,尤擅兰石。道光八年(1828),郭尚先任四川学政时,常有属僚备纸求书,尚先大笑,均满足其愿。书家记之"求书者履满户外,一时碑板、文字非尚先书写不乐"。他为官时政绩显著,除冒名替考及"棚费"积弊,贫寒儒生皆颂其德政。郭出生比龚晚三十来年,为同时代书家,郭的书法理论尤重书品和人品合一,龚晴皋对他精于赏鉴,只带颜、褚两名家字帖入川巡学早有耳闻。道光九年(1829),郭尚先《使蜀日记》载:正月十二日开考成都松潘等六属,四月二十七日,晚泊大渡口,距重庆三十里。道光十一年(1831),晴皋离开人世前遗言以一册一笺一楹帖见赠兰翁,且曰:"作书画四十年,无能识者,兰翁当识之。"(郭尚先,《芳坚馆题跋》)是年四月,郭尚先典试四川乡试来渝,晴皋已故,惜其未遇,却见字如面,郭言盖得其真。由郭尚先后人所辑的《芳坚馆题跋》中评云:"龚晴皋大令,人品高雅。引年后,足迹不至城市。极自重其书画,作大字纵横有奇,气当其合,作往往似通明鹤铭,不甚易遇耳。作画尤横厉,颇得天池生、苦瓜和尚、八大山人之趣,随笔为之,无复定法。辛卯四月,余科考重庆,君已没,遗言以一册一笺一楹帖见赠……余乌能知君书画,顾感君意,附记于此。辛卯六月朔书。"

二、龚晴皋与朱樨的唱和诗、题刻

龚晴皋工书、画,曾向王溥学画,能诗,潜心理学,时以李、杜、韩、苏诸集教学子,有时也变化前人成句入书联。咸丰二年(1852),龚有晖、段廷琛二人为其刊刻《退溪诗集》一卷。朱樨性格倔强,龚晴皋为人"与士信",龚年长朱一岁,几乎为同龄人,朱樨对龚晴皋及王溥非常敬重。朱樨作《与龚晴皋乞竹》诗,写道:"送君一幅云泉画(自题注云:往岁承以王云泉画见赠),换取斓斑紫玉枝。看画何如常看竹,风前月下总相宜。"(朱樨,《读苏轩诗草》)

朱樨亦能诗,致仕以来,潜心研治学术,对苏诗的喜爱一如既往,诗文创作甚丰。道光元年(1821),朱氏刊刻《读苏轩诗草》四卷,邀学者诗人、藏书家朱琦与合川诗人彭懋琪二人为其集分别作序和题词。关于集子名称的由来,朱琦在《读苏轩诗草序》中称:情田先生慕(苏)公之诗,因颜其轩曰"读苏"……栽花庋石,偕二三友朋,酬唱往来,浩然若有得胸次,如是发之于诗,其境殆难量。情田先生即朱樨。朱樨在《自题读苏轩》诗中写道:"古来词客篇章在,谁似苏公胆气豪?"可见,因喜苏诗而名集。

《读苏轩诗草》收录了不少其与龚晴皋的酬唱之作,如《次龚晴皋题贺广斋墨竹韵》《对雪同龚晴皋林芥湖王尧臣作》《次龚晴皋和人联句韵》《送龚晴皋谒迁都门》《题龚晴皋退溪》

《碾斋》《次龚晴皋夏日山居示子诗》《再用退溪碾斋二诗韵赠晴皋》《与龚晴皋乞竹》等九首诗,可见朱棨与龚氏相交甚厚。

朱棨怀才不遇,求仕无门,《对雪同龚晴皋林芥湖王尧臣作》诗中写道:"龚子本孝廉,筮仕已届始。胡为亦忍冻,添我门外履。龚子为我言,身寒心不雨。不见李常侍,脚枚破敌垒。"末句"不见李常侍"化用唐代诗人戎昱《上李常侍》句意。

嘉庆十六年(1811),龚晴皋始入仕途之际,朱棨作《送龚晴皋谒迁都门》诗以赠行,足见朱棨对龚氏才情敬佩有加。诗云:

青青松与柏,涧底雪霜饱。轮囷不改色,坚贞长自保。欲求作梁栋,唯兹最坚好。今来匠石顾,不令山中老。春花美颜色,鲜艳易枯槁。蒲柳斗秋风,飘零若衰草。羡君根本固,纯孝绝智巧。磊落见性情,冰玉称怀抱。用之各有时,休论材大小。杯酒何足言,努力长安道。

最便于观察二人交游的,是两人同处一地的唱和之作。朱棨六十岁后移居巴县大山村。此时的龚晴皋在三年仕宦生涯结束后,自山西崞县辞官回乡,在巴县冷水场滩口购置薄田二十亩,筑茅屋数间,并在滩口石壁上镌"退溪"二字,山居十余年。他爱才惜才,于石碾房课徒讲学,题名为"碾斋书堂",又将居室腾出一半为乡邻、学生免费教学所用,许多学生慕名前来就学。这组唱和诗首先由朱棨发起,他先作《题龚晴皋退溪》《碾斋》二首诗。《题龚晴皋退溪》诗云:

人皆嗜进独嗜退,先生所嗜继难再。自言解组如登仙,摆脱簪缨无挂碍。归来重负释两肩,结庐双山山之背。赏奇晰疑旧所谙,依然风雨共明晦。去年访我来城中,薄酒粗肴坐相对。本来面目能无忘,畏人谓由不自爱。我今移居大山村,一水遥通仰胜概。春风吹送弦歌声,到门先看竹成队。横连石磴环水流,石立溪旁有如缋。寓怀聊以退名溪,两字绕崖期不废。溪中之水清无尘,溪上之竹久可耐。身退道进乐何如?此乐勿语嗜进辈。

开篇诗句"人皆嗜进独嗜退"由宋仁宗称司马池"人皆嗜进,而池独嗜退,亦难能也"而来,表达了朱棨对龚晴皋为政清廉的赞美。"赏奇晰疑旧所谙,依然风雨共明晦"出自晋陶潜诗《移居》之一中的"奇文共欣赏,疑义相与析"句。后以"赏奇析疑"谓欣赏奇文而析其疑义。"风雨共明晦"比喻环境、形势的险恶或良好,多用于描述交谊经受考验,此处指二人交谊的今昔比较。"薄酒粗肴"意味龚晴皋生活节俭。"身退道进"中"身退"指退隐不再做官;"道进"化用《老子》中的"明道若昧""进道若退"。

《碾斋》诗云:

取精出汁利用磨,去皮存骨利用碾。学问之道无他求,簸之扬之力须勉。糠秕即令食之肥,人也何异马与犬。高梁大厦巍巍然,唯饱酒肉谐婉娈。不择问舍并求田,日日不异蚕作茧。是谁即碾成斋名,诵诗读书考坟典。师道立则善人多,主人淄渑盖早辨。问斋何名碾即名,入者慎毋意差舛。但愿心悟转法华,莫教心迷法华转。

诗首两句以石磨、石碾起兴,将"学问之道"落脚于"力须勉",包含了作者对人生哲理的体味。龚晴皋投身教育,于自家石碾房中办学的行为,让朱穗深受感动,朱穗的诗句表达了他对龚晴皋的理解和支持。"淄渑盖早辨"出自《幼学琼林·地舆》:"淄渑之滋味可辨,泾渭之清浊当分。"比喻界限清楚或是非分明。诗末"但愿心悟转法华,莫教心迷法华转"出自《六祖坛经》偈曰:"心迷法华转。心悟转法华。"是言开悟心性者,能运转利用法华。迷惑心性者,为法华所运转利用。引用佛典,增强了诗文的可读性和哲理性。

"碾斋"是龚晴皋为自己书斋取的名字,之所以以碾名斋,李中道认为:一取宋代诗人陆游《卜算子·咏梅》"零落成泥碾作尘,只有香如故",一取对书画琢磨常研碾焉。(《营山文史资料汇编·人物篇》)读了《碾斋》之后,龚晴皋回赠朱穗一首《次韵答朱情田寄题碾斋》的七言律诗,表明自己归乡办学的动机所在。诗云:

牛迹旧涡深复浅,老牛碾罢小牛碾。田家鞭牛养子孙,米熟未熟敢不勉。我今因碾名吾斋,不读则耕示豚犬。莫羡世间多牛翁,黑色牡丹涵妹娈。先生作诗清而新,好句如丝抽自茧。诗尾妙引法华经,一片佛心在内典。心迷心悟举似人,迷悟之间不容桀。惟愁未能转千佛,切问何如千佛转。

该诗中"田家鞭牛养子孙,米熟未熟敢不勉。我今因碾名吾斋,不读则耕示豚犬"四句道出了以碾名斋的目的,即教育龚氏子孙恪守家规家风,既学做人,又学谋生,反映了龚晴皋务实、乐观的人生态度。"黑色牡丹"指水牛,因其身体呈乌黑色,故戏称"黑牡丹"。末尾两句,龚晴皋点评了朱棨创作的诗句清新优美,分析事物极为细致,引用佛家典籍凝理的作诗技巧,而"迷悟之间不容桀"又表现了诗人不改初衷、逆境不衰的积极心态。

朱棨又用《题龚晴皋退溪》《碾斋》二首诗诗韵作《再用退溪碾斋二诗韵赠晴皋》。诗云:

> 彼谷此溪俱名退(元结有退谷),谁谓古人不可再。丛兰合生幽谷中,若使当门便有碍。至理分明在眼前,无知贪者自违背。君能不贪岂沽名,得少佳趣画连晦。风声水声耳常闻,溪烟竹烟日相对。晴天雨天皆可乐(来诗原向),示我新诗忌旧爱。彼腰金翁方自雄,于此恐难语其概。多君见明行且决,不肯随性逐尘队。饱腹宁俟罗珍羞,温体何劳侈锦缋。三年唐林赋曰归,勿使既老嗟学废。书声远出茅屋中,退溪之乐乐可耐。我读君诗记陆诗,不用更求芎芷辈。(放翁句)强和君诗愧驽骞,有如小偷偷石碾。(本蜀谚)粗笨徒供谈笑资,亦恐行筑扶不勉。君才不异搏兔狮,我诗应惭续貂犬。苎萝村裏东西施,效颦亦复增美姿。斋前有溪同越溪,岂无壁鱼化为兰。愿君遗我耀光绫,助我天寒换衣典。记取昔年同负笈,此日之梁当无舛。不然一挥三十幅,即是予我丰藏转。(旧有纸求书)

这首次韵诗为朱棨在与龚晴皋多轮唱和后而作。诗文意蕴丰富,前十句既是写事,更是写心,可视为诗人在有意识地进行情感劝慰;后十句系自谦之词,表达了诗人向龚晴皋谦虚求教,以及追忆往事,对"退溪之乐"的向往。"彼谷此溪俱名退"句中"退谷"为山谷名,在今湖北西樊山、郎亭山之间。唐孟士源曾与元结同隐于此,名之曰"退谷"。后以"退谷"代指退老、归隐之处。自注云唐代诗人元结有退谷。"退溪",河流名,今跳磴河。龚晴皋闲居退溪,晚年"尘外偶随缘",自号退溪居士。"君能不贪岂沽名"则赞赏龚晴皋为官时以清节重,淡泊名利,既是赞赏龚晴皋,也体现了朱棨自身的人生态度。"彼腰金翁方自雄,于此恐难语其概"化用宋代苏轼《谪居三适三首》其一《旦起理发》中"谁能书此乐,献与腰金翁"句的句意。"我读君诗记陆诗,不用更求芎芷辈"出自宋代诗人陆游《山村经行因施药》一诗"不用更求芎芷辈,吾诗读罢自醒然"。

龚晴皋经历宦海沉浮后,退居林泉,奉学笃行,作《山居示子珪》。诗云:

> 有竹万竿已不俗,况复清溪流碧玉。溪水不活水无源,今从山腹来曲曲。曲折流去势或平,犹云襟带无结束。有石截水如梁横,水与石争快俯瞩。每当雨后

新涨初,浪花飞落十丈谷。水声之壮壮于风,万竹摇风风吹瀑。风声竹声助水声,门前那复闻剥啄。雨即佳矣晴亦佳,佳在溪头水可掬。我来趺坐石盘间,鱼儿出水水绕足。顶上黄葛树两三,枝肥叶大浮新绿。树烟近与竹烟交,竹烟又与溪烟续。树烟竹烟连溪烟,软尘十丈不复逐。竹胜溪胜雨晴天,屋左屋右又娱目。竹亭一个困短墙,荷花一池散香馥。屋后更留余地多,有梅有杏有古木。此境颇不负平生,买幸得之沾微禄。我老恨不能读书,何以消受此清福。

科举入仕既是个人抱负,又是家族荣耀。这首诗大概写于龚珪读书备考之时,诗中塑造了一位深于爱、严于教、明于理的"父亲"形象,体现了龚晴皋以诗书传家、奉学笃行的教子思想。

《读苏轩诗草》卷四有朱棨《次龚晴皋夏日山居示子诗》,诗云:

生有仙骨即不俗,阿谁得似无瑕玉。羡君五斗羞折腰,归来高卧肱可曲。惟以坚白遗子孙,翻厌轩马身宁束。退溪碾斋时徜徉,任我高瞻而远瞩。山深不厌夏日长,竹林森森遍岩谷。枕流漱石爱耳齿,文杏香筍覆墙屋。暑气全消牖间风,异彩高悬日脚瀑。须知万事总前定,岂惟偶然饮与啄。古人事业重诗书,塞江河非土一掬。老去光阴藉覆尘,汗血驹已齐骥足。我前遇访见一斑,锦绣纷陈骇红绿。有子不愿官萦身,由来流景固易续。溪中有水斋有书,反笑三年枉驰逐。申徽一诗遁传写,阚骃三史疑宿读。老桂小桂交敷荣,未秋先已香馥馥。愧我近作灌园翁,园中徒有开草木。发荣滋长凭天工,共君且享山中福。

这首诗用龚晴皋原诗韵部,也可理解为朱棨的教子心得。前两句,朱棨对龚晴皋给予了充分的肯定,并生发出对人生的感慨。"须知万事总前定,岂惟偶然饮与啄"语出北宋释道原撰《景德传灯录》:"一饮一啄,各自有分,不用疑虑。"后多引作"一饮一啄,莫非前定"。"古人事业重诗书,塞江河非土一掬"化用宋代词人辛弃疾《水调歌头·舟次扬州和人韵》"万卷诗书事业"词意。"塞江河非土一掬"出自《文子·上德》:"土之势胜水,一掬不能塞江河。""我前遇访见一斑,锦绣纷陈骇红绿"化用唐代柳宗元的《袁家渴记》"纷红骇绿",透露朱棨作诗前曾亲访龚家,见其情形有感而发。"申徽一诗遁传写,阚骃三史疑宿读"意借古时廉吏申徽、阚骃之典,赞扬龚晴皋、龚珪父子的品性和人格。

道光三年(1823),龚晴皋时年六十九,过七十岁寿辰,邀约诗友一同登上金剑山顶,互相酬唱,请石匠于倾斜之南壁上横刻"云木出秀",落款"晴皋书"。又有龚诗《再宿金剑山》,诗前自题:七十生日偕颐园叟往游任方亭洪纬堂韩苓斋挚榼恣大嚼至暮。诗云:"曾憩僧寮慰昔劳,竹兜又上翠云高。招来旧雨非生客,拟赋新篇愧老饕。堪念平生皆激宕,迩来兴致更粗豪。梦中不怕园蔬蹴,但恐山厨为我骚。"(龚有融,《退溪诗集》)朱、龚二人乐山喜水,登高赋诗,均把山水之美作为一种比兴抒情的手段。道光四年(1824),朱棨时年六十九,于大山村晚香斋写成《希有录》(春集二卷、夏集二卷、秋集二卷、冬集一卷、闰集一卷),同人复登临金剑山,请石匠刻下"咫尺青天",竖书落款为"道光四年立""菊叟朱棨书",二人书法"合璧",凿刻于同一处崖壁之上。

三、小结

纵观龚晴皋的一生,赴试应举,客寓江浙,北地为官,一生辗转于多地,摆脱官场羁绊后,于退溪畔找到心灵安栖之所,因"家无晴皋字,不成书香第"民谚闻名一时。除了朱棨以外,霍来宗、孙钰、刘澐、戴昶、王溥、姜壎、王登贽、亢勋、石彦恬、愚岭禅师等人也与他有过交游往来。与这些文士的交往对他的书画创作产生了很大影响。本文探讨了龚晴皋与朱棨的交游及其诗歌唱和,这些探讨是有其价值的。朱棨和龚晴皋都是有书法题刻存世的文士,他们昔日志趣相投,同为背着书箱外出求学之人,龚年长朱一岁,几乎为同龄人,生活的时代相同,且二人的审美理想和文学观点均受苏轼影响。朱棨幼年由吴迁蜀,虽怀才不遇,但秉承家学渊源,潜心著述,以学问气节闻名乡里。其对龚晴皋"退溪之乐"、碾斋办学的事迹推扬至极,在多轮唱和诗中盛赞龚晴皋的品行。龚晴皋与朱棨家风正淳,性情坦率真诚,都曾出游蜀外,共留下诗歌四百八十余首,诗作多以写景游历、鉴赏书画、酬唱往来等文人士大夫生活为主要内容。除《退溪诗集》与散见于一些文献中的传记外,与龚晴皋有关的清代文献较少,而朱棨《读苏轩诗草》多次提到龚晴皋,所记殊为珍贵。这些诗歌唱和,不仅为研究龚晴皋提供了丰富的文献,同时为深入考察嘉道年间与龚晴皋相识文士的真实生存状况提供了相关依据。

参考文献：

[1] 朱樟.读苏轩诗草四卷[G]//清代诗文集汇编(第440册).上海:上海古籍出版社,2010.

[2] 四川大学古籍整理研究所.四川儒林文苑传[M].成都:四川大学出版社,2008.

[3] (清)郭尚先.芳坚馆题跋[M].杭州:浙江人民美术出版社,2018.

[4] 薛天沛.益州书画录[M].成都:巴蜀书社,2018.

[5] 中国人民政治协商会议四川省营山县委员会.营山文史资料汇编·人物篇[M],2018.

[6] 龚有融.退溪诗集[M].咸丰二年(1852)巴县龚氏刻本.

[7] 民国巴县志[G]//中国地方志集成·重庆府县志辑(第4册).成都:巴蜀书社,2017.

论黔江草圭堂的美学特征和文化意义

彭一峰

（重庆市黔江区文物管理所）

【摘要】 重庆市级文物保护单位草圭堂，规模宏大，建筑风格极富特色，其具有独特的美学特征，文化意义十分突出，为清代武陵山区和渝东南民族地区建筑文化发展的象征性代表和典型性标识。笔者对草圭堂这一建筑的组成基因、元素和符号进行分析，旨在使人们对它有一个全新的认识和理解，并为其今后的保护和利用提供参考。

【关键词】 草圭堂；美学；文化；特征；意义

2009年12月，重庆市人民政府将草圭堂列为市级文物保护单位。它规模宏大，气势雄伟，建筑风格特色突出，给人一种古朴、庄重、气派和隽美的文化风貌感受，是渝东南地区极富代表性的古建筑。探究它的美学特征能使我们更好地把握其文化内涵和文化特色。

一、基本情况

草圭堂是国民党抗日将领李永端的故居，位于重庆市黔江区阿蓬江镇大坪村四组草圭塘，建于清道光末年。为木石砖混合建筑群，单檐悬山式屋顶，青瓦覆盖，穿斗式梁架，既可看作四合院与三合院的组合布局，也可看作由前后相连的2个三合院组合成的特殊山地建筑，后院比前院高出1.8米。主体为木结构，辅以部分砖石墙体，基础和围墙为石质。由前厅、后厅、厢房、院坝、台地、朝门、围墙、地下室、封火墙等组成。其中，前厅17间，总面阔88米，进深7.5米，通高5.3米，分左、中、右三段，每段由硬山式封火墙隔断；后厅15间，总面阔86米，进深11米，通高5.5米，与前厅一样分左、中、右三段，也由硬山式封火墙隔断。前厅厢房8间，后厅左侧厢房4间，右侧厢房已毁（当地村民在右厢房处建了一栋同原厢房一样大小的房屋）。院坝2个，朝楼1个。朝门位于前厅院坝左侧，长4.8米，宽5米，高4米，呈"八"字形，门外设石阶踏道12级，楼顶青瓦覆盖。地下室3处：前厅左端厢房地下室5间，共400平方米；后厅左端厢房地下室2间，共70平方米；后院坝内的地下室2间，共40平方米。围墙位于后厅背面，弧长约500米，现残存石基。封火墙8面，台地360平方米。

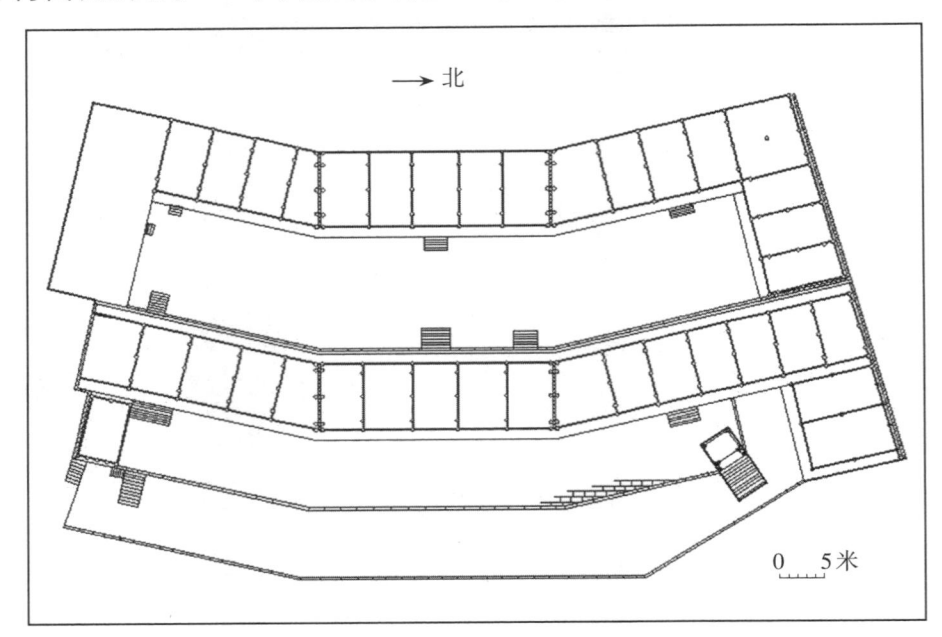

图1　草圭堂主体建筑平面图

图2　草圭堂全景

图3　草圭堂后厅

图4　草圭堂朝楼

二、美学特征分析

草圭堂的美学特征主要指建筑体的造型、外部结构、立面的色彩、线条、格调、韵律、外部装饰等。草圭堂兼具适用性和审美性。笔者现从草圭堂的环境与外观、布局与结构、材

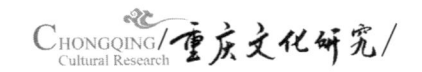

质与工艺、风格与情调、装饰与韵律等五个方面逐一加以阐述和分析。

1. 环境与外观

草圭堂所在地阿蓬江镇在以前隶属酉阳冉土司管辖之域，一直到1952年7月阿蓬江镇才随濯水、马喇湖、两河口、学堂坪等地划归黔江所有。这里集绿水青山、田园美景、乡间小道和散布其间的土色土香农家院落于一体，可让人体会到和谐状态之人间美景。

草圭堂的远景是阿蓬江河流对岸层峦叠嶂的五福岭山脉，在距草圭堂正前面约450米处是神秘的奔流不息的阿蓬江；近景是草圭堂正前面一大片排列较为整齐的梯田和耕地，再近处是一条清澈的溪沟——从草圭堂前院坝紧邻的台地外侧通过。在其左、右两边分布着一些农家小院，郁郁葱葱的庄稼一片连着一片。草圭堂背面绿树成荫，其内有李氏家族的祖坟茔地。

据草圭堂的创建人李念武的墓志记载：国朝康熙年间，司治向往州西之铜鼓潭，宣慰以草圭塘数十里地，易今州治旧业。据考，草圭塘为小地名，即今市文保单位草圭堂及其周围的一大片区域。可以看出在清康熙年间，酉阳冉土司将草圭塘这块地盘同李氏先祖交换了一个叫铜鼓潭的地方，从此，李氏先祖就拥有了草圭塘方圆数十里地的地盘。另外重庆市酉阳县文管所文物专家介绍，根据他们县的田野考察和相关史料记载，铜鼓潭以前曾是酉阳冉土司衙门所在之地，这也就此佐证了李念武的墓志记载的可靠性和真实性。

又据李念武的墓志记载：道光末，公以田产渐辟，遂筑别墅于场后。可知在清道光末年，草圭塘的田产已经逐渐开垦出来。笔者推测在此之前，此处应为荒芜之地，李念武在这时建造了今天我们看到的草圭堂这一宝贵的文物建筑。这里的"场"字应是指以前犁湾乡街上赶场的地方。

草圭塘选择建造在小中堡山坡底下面，这里又比正前方田土要高出4—5米，流经的清澈溪水可用于灌溉和饮用。当油菜花开之季，好一幅金灿灿的田园风光图。山野美与田野美相互映衬，相互融合。草圭堂就像一颗明珠镶嵌于其中。因此，草圭堂是建筑之美与生态之美相结合的乡村美景代表，极具武陵山区乡村文物建筑及其环境的美学特征。

草圭堂的前院和后院高低搭配起伏而立，具有防止火灾功能的封火墙高于屋面1米以上，给人一种别样之感；脊饰和屋翘分布于屋面中央位置及两端，有一种生动、精致之美；约呈扇形的布局和大致对称分布的木质房屋又给人一种端庄和规整之美；呈"八"字形的朝门给人一种端重、大气之美。由于建筑规模大，还显得十分有气势和气派。在一些细节处理上,又给人一种精巧之美:后左侧楼上设的弧形猫儿洞给人一种精致和灵巧的感觉,巨大条石为主体的地下室又给人一种牢固的感觉。这些构筑物的不同形象相互映衬、相互烘托、相互呼应、相互补充。

2. 布局与结构

草圭堂由一个四合院和一个三合院组成,它既有中国古代四合院的传统封闭性特征,又有平民建筑三合院的开放性特点。其封闭性表现为前厅、后厅及其左右厢房围成一个巨大的天井,面积1000多平方米。从某种角度说,这也可以叫院坝,因为天井比前厅高1.8米,仅与前厅后檐相连,与其板壁相距30厘米。因此,前厅、后厅及后厅的左右厢房,形成了一个并不标准的四合院,具有封闭性。其开放性表现为前厅及前厅的左右厢房,形成了一个院坝,构成一个对外敞开的格局,在院坝中,一片田园风光尽收眼底。这种独特风格的形成,是由地势、财力和审美观等多种原因造成的。

首先,在地势上,草圭堂处于小中堡山坡的山脚,这里地势不平坦,分为几大块台地,因此主人也就依势而建。其次,在财力上,这么大的建筑体系,在当时肯定花钱不少,虽说主人财力雄厚,但也需要计算经济成本,必然受到财力的影响。所以,主人并没将几块台地削平再建房。最后,与主人审美观有关。

草圭堂丰富了我国古建筑风格的类型。它既封闭又开放的建筑美学特征,具有特殊性,同时具有二者双重价值的文化风貌。它的特殊性体现了草圭堂的美学指导思想和主人的审美意识。

草圭堂采用了渝东南地区木结构建筑中常见的穿斗式梁架,这种梁架结构极具实用价值,确保了建筑的稳固性,尤其是柱与檩的穿插彰显了榫卯构造的科学性。这种结构使建筑整体有一种挺拔之美,斜坡屋顶的屋面构造显示出它的多层次性和互衬性的美学特点。

3. 材质与工艺

草圭堂的建筑材料主体是木,兼有石、砖、瓦、土。柱、檩、椽、板壁等为木,基础、堡坎、柱础和前后厅的两个地下室墙壁及围墙等为石,封火墙主体为砖,辅有小量的石板,屋面为瓦,屋内地面、部分院坝和后院坝的地下室为土。这些材料的色泽和质地,呈现出一种返璞归真之建筑文化特色,人在其间,深感古建筑纯朴、原始的文化质感,同时也反映了古建筑材料的多样性和文化属性。木材的纹理彰显出材料的本原之美,封火墙上黑灰色的火砖给人一种朴实、安静之感,部分院坝和地下室的浅黄土墙给人一种朴素之美。总之,这些建筑材料组合在一起,能使人体会到一种纯在天然、意在自然的美学思想的运用。

从工艺质量看,整个建筑的脊与脊、缝与缝、榫与卯、板与板、檩与柱、梁与椽等之间衔接得严丝合缝,可见建筑木工的用工之深和严谨的工匠态度。整体工艺精湛,做工精细,科学性和美感极强。从工艺特点看,草圭堂具有工整性和规范性特性。从美学角度看,草圭堂既具有局部美,也具有整体美。风格刚柔相济,恰如其分地表现出文化美的质感和多层次审美内容。整个建筑通过力与线条来表现它的美学风貌和特点,是力与线条完美融合的建筑佳作。草圭堂是渝东南传统建筑美学内涵和价值的重要物质载体和历史文化发展的体现。

草圭堂的美学价值一部分源于设计,另一部分主要源于精益求精的工艺质量。从这个角度来说,草圭堂的工艺价值和美学价值相互依存、相互作用,互为前提和结果。这两大价值是草圭堂最为突出和最为重要的建筑价值。

4. 风格与情调

草圭堂是地方山地特色建筑与徽派传统建筑风格的融合,为阿蓬江镇人民对不同建筑文化元素的利用和尝试的历史见证。如后院比前院高,体现了山地建筑特色,且主体建筑前厅的左右两端厢房有吊脚楼,山地建筑特色和民族建筑特点展露无遗。这种山区地方建筑的构造与体现徽派建筑风格的马头墙(黔江当地称封火墙)、小青瓦的搭配和结合,开辟了新的风格和特点。它既有山区建筑的粗犷美,又有徽派建筑的精致美;既有山区建筑的刚劲挺拔之美,又有徽派建筑严谨、简洁、雅致的风范;既有山区建筑淳朴深沉的艺术美感,又有徽派建筑灵活多变的特色;既有山区建筑的结构特点,又有徽派建筑的构造特征。

草圭堂把两种不同风格的美揉捏在一起,赋予了建筑体包容性、多面性、多样性,使得地方民族构筑物的美和徽派传统建筑物的美得以进一步升华和发展。

人置于草圭堂内,被古色古香的情调包围。身临其境,感受才深刻,建筑物展现出来的文化力量是情与意的完美结合,也是诗与物的结合,更是诗与人的结合。

5. 装饰与韵律

飞檐翘角给人一种灵动之美。窗子的装饰极具特点,如福字纹、囍字纹和蝙蝠纹花窗,线条感十足,雕工也十分精美,还具有吉祥的寓意。另外还有万字纹、卷草纹、小方格纹和几何纹等,种类繁多,雕工精湛,构图奇妙,堪称一绝。这些装饰都取自民俗题材,具有很强的民间色彩,反映了民俗文化的审美特征。

图5 草圭堂的花窗（一）

图6 草圭堂的花窗（二）

图7 草圭堂的花窗（三）

图8 草圭堂的花窗（四）

图9 草圭堂的花窗（五）

封火墙门的外侧石质墙体上雕刻了各种精美图案,或是树木,或是花瓶,或是花鸟,等等。有的现在还保留着颜色,或红,或蓝,或绿。笔者推测,这些图案原来均有彩绘,可能因时间长久,有的石雕彩绘已脱落,变成了素面。在封火墙近顶处的石灰面上绘有墨色图案,多为卷草纹饰,其装饰效果明显,反映了传统文化的审美特点。

前厅房屋建斗拱位置处设有四个短立柱,基本不具有斗拱的形态,但起到了斗拱的作用和功能。笔者在这里暂仅称它为简易斗拱。其上雕刻的麒麟、蝙蝠纹和祥云生动形象。

经统计,整个建筑的柱础有40余个,分布于前后两厅。比较有特点的是在前厅正房内的11个柱础,其大小相同,尺寸为36厘米×37厘米×30厘米。其中,方形抱鼓式柱础2个,普通抱鼓式柱础7个,莲花瓣抱鼓式柱础2个。其他柱础雕有不同纹饰,或人物故事,或动植物,或吉祥图案,或农业生产场景。

草圭堂的装饰形与色兼具,体现了渝东南历史建筑的审美价值。

图10 草圭堂封火墙上的石刻(一)　　　　图11 草圭堂封火墙上的石刻(二)

图12 草圭堂封火墙上的装饰

图13 草圭堂简易斗拱上的木雕（一）

图14 草圭堂简易斗拱上的木雕（二）

图15　草圭堂简易斗拱上的木雕（三）　　　　　　　　图16　草圭堂的柱础（一）

图17　草圭堂的柱础（二）　　　　　　　　　　　　图18　草圭堂的柱础（三）

　　草圭堂的分布大约呈扇形，像一个喇叭。前厅各房间到后厅、后院坝及各厢房，后厅各房间到前厅和各厢房及前院坝的空间转换，展现出不同建筑区域的韵律之美。封火墙上卷草纹和缠枝纹的装饰就像动人乐曲的起音，青色屋面就一首歌曲前段的铺陈，形式多样的柱础就好像演奏出的强重之声……总之，草圭堂彰显出的韵律是美妙的，是感性的，是富有弹性的。

三、文化意义

1. 草圭堂的环境具有美学文化底蕴和特色

草圭堂作为反映我国南方武陵山区和渝东南地区传统社会美学思想的载体，体现了武陵山区和渝东南地区历史建筑与地理环境相结合的特色风貌，南方山区乡村风光的文化特点，阿蓬江沿岸古代人民对人、物和自然和谐处理的文化特点。

2. 草圭堂体现了渝东南地区民居建筑的典型风貌

渝东南地区是重庆土家族、苗族聚居地。草圭堂既是清代渝东南地区古典建筑形式的集合体，如石质堡坎、柱础、朝门以及木质板壁等，又有着自身特色，如封火墙和地下室。

清代渝东南地区阿蓬江流域古人们的审美元素凝聚在草圭堂这一建筑体上：在把渝东南地区建筑综合性特点凸显到极致的同时，也很好地展示了徽派建筑的风格特征。

3. 草圭堂展现了传统建筑美学的文化内涵和表现形式

草圭堂在建筑体上表现出的是对传统的继承。草圭堂是渝东南地区古代吉祥文化的载体，如福字纹、囍字纹、万字纹等均有吉祥和祝福之意。草圭堂所具有的象征性文化符号，是渝东南地区古代劳动人民创造出的艺术之美，是建筑文化发展的表现。

4. 草圭堂对当今建筑文化的启示

草圭堂是传统美学与时代美学相结合的产物，即主体是传统的，但又有所发展，是对时代建筑美学的充分展示和反映。对今天的建筑文化来说，具有重要的借鉴、启示作用。

综上所述，草圭堂独特的文化美学特征，源于它的文化符号，让人在文化氛围中体会它的细节之美。它是清代渝东南地区古建筑的代表，是武陵山区和渝东南地区劳动人民创造的一朵亮丽之花。

渝东南土家族物质文化概述

向笔群

（贵州铜仁学院人文学院）

【摘要】文化分为物质文化与精神文化，物质文化构成精神文化的基础。渝东南土家族物质文化丰富多彩，具有鲜明的民族特色与地域特色。了解渝东南土家族物质文化，有利于我们更好地传承与保护它。

【关键词】渝东南；土家族；物质文化

物质文化的深层精神取向与其赖以生存的物质环境有着十分密切的联系。物质文化是人们在社会生活中长期实践的积累，是人类群体世代相传的积淀。而渝东南土家族的物质文化则是土家族人在长期的生活实践中积淀下来的一种文化形态，带着土家族人传统的文化心理。渝东南土家族的物质文化丰富多彩，较为典型的有吊脚楼、窗花、宗祠、摆手堂、凉桥、三脚和鼎罐、西兰卡普等。

一、土家吊脚楼

房屋建筑是文化的有形载体，是最典型的物质文化形态之一。不同地域的房屋建筑，是适应当地地理环境、传承当地历史文化的物质文化形式。吊脚楼是渝东南土家族最具代表性的传统民居形式，基于渝东南地区复杂的地势地貌，依山而建，沿水而起。因房屋建筑底部有一部分悬空，并由柱子支撑，该建筑因而得名吊脚楼。

渝东南土家族吊脚楼多呈虎坐形，且十分讲究朝向，或坐西向东，或坐东向西。吊脚楼的形式多种多样，主要有单吊式、双吊式、四合水式、二屋吊式、平地起吊式等。"单吊式"是最普遍的一种形式，有人称之为"一头吊"或"钥匙头"。它的特点是：只有正屋一边的厢房伸出悬空，下面用木柱相撑。"双吊式"又称为"双头吊"或"撮箕口"，它由单吊式发展而来，

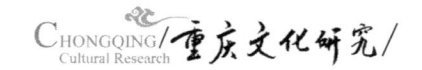

即在正房的两头皆有吊出的厢房。选择"单吊式"还是"双吊式",主要由经济条件和家庭需要而定,因而在同一地域中,"单吊式"和"双吊式"可能并存。"四合水式"的吊脚楼是在"双吊式"的基础上发展起来的,它的特点是:将正屋两头厢房的吊脚楼部分的上部连成一体,形成一个四合院,两厢房的楼下即为大门,进大门后还必须上几步石阶才能进到正屋。"二屋吊式"是在"单吊式"和"双吊式"的基础上发展起来的,即在"单吊式"或者"双吊式"上再加一层。"平地起吊式"也是在"单吊式"和"双吊式"的基础上发展起来的,"单吊式"和"双吊式"均可发展为"平地起吊式"。它的主要特征是:建在平坝中,按地形本不需要吊脚,但建筑时依旧将厢房抬起,用木柱支撑;木柱所落地面和正屋地面平齐,使厢房高于正屋。

渝东南土家族吊脚楼是适应当地地形与气候条件、符合生态要求的合理选择。吊脚楼的吊脚有高低之分,以适应地形变化,可以最大限度地减少土方开掘,不须破坏地貌,保证了地表的原生态性。渝东南地区多山多水,气候湿润,吊脚楼底部悬空,有利于隔绝潮湿,促进通风。吊脚楼底层通常不作为居室,而是用于放置杂物,饲养家畜。吊脚楼上层才是人们饮食起居的地方。土家族的住所一般为一正两厢,也有一正一厢的,其中厢房为悬空部分。厢房的地基低于正屋的地基,在其地基上竖立十几根木柱,木柱上铺木板(楼板),以木板为壁。整栋楼一般二至三层。厢房的前面有阳台,两边有走廊。阳台和走廊排柱悬空,悬柱的末端有圆锥形雕饰,名为吊金瓜。阳台和走廊的栏杆多由木条组成,富裕之家还会在栏杆上雕龙画凤,在窗子和门上精雕细刻。沿河土家吊脚楼因前有阳台、两边有走廊,互成转角之势,故名转角吊脚楼。吊脚楼集建筑、绘画、雕刻艺术于一体,是土家族建筑雕刻艺术的杰出代表。就内部结构来看,通常第二层中间为堂屋,两侧为卧室。堂屋是日常活动以及接待客人的主要地方,设有火塘,一家人就围着火塘吃饭,宽敞方便。而卧室则为较为私密的地方,外人一般不入内。有的吊脚楼还有第三层。第三层透风干燥,十分宽敞,除作居室外,还可隔出小间用于储粮和存物。

渝东南土家族吊脚楼通常为木结构建筑,其主体材料为木料,间以土石材料。渝东南土家族吊脚楼的建造技艺是渝东南土家族人在长期的实践中形成的传统技艺,建造者将木材加工成梁、柱、枋、板、椽、檩、榫等部件,然后将它们拼装在一起。该建造技术作为当地较为成熟的技术,有一定的传承,并且至今仍然发挥着重要作用。修房造屋对于土家族人来说是一件大事,房屋的修造也十分讲究。第一步要备齐木料,土家族人称该步骤为"伐青山",一般选用椿树或紫树,因为"椿""紫"的谐音是"春""子",寓意春常到,子孙旺;第二步则是加工大梁和柱料,土家族人称为"架大码",他们还要在梁上画上八卦、太极、荷花莲子等图案;第三步叫"排扇",就是把加工好的梁柱接上榫头,排成木扇;第四步是"立屋竖柱",这是非常重要的一步,主人要选择黄道吉日,请众乡邻帮忙,上梁前要祭梁,然后众人齐心协力将一排排木扇竖起,这时,鞭炮齐鸣,左邻右舍送礼物祝贺。在立屋竖柱之后,便进行钉椽角、盖瓦、装板壁等工序。富裕人家还要在屋顶上装饰向天飞檐,在廊洞下雕龙画凤。土家族人还会在屋前屋后栽种花草和果树,但是前不栽桑,后不种桃,因桑和桃与"丧""逃"谐音,土家族人认为这不吉利。

渝东南民间还流传着不少关于吊脚楼的传说,内容大同小异,基本上都表现了土家族人的创造力和智慧,反映了在农耕社会时期,土家族人克服各种困难,改善居住条件和生活环境的坚强品质,以及土家族人代代相传的人居观。

传说一:

传说,土家族人的祖先因家乡遭了水灾才迁到武陵山区来。那时,这里古木参天,荆棘丛生,豺狼虎豹遍地都是。土家族先人们搭起的"狗爪棚"常遭到猛兽袭击。人们为了安全,就烧起树蔸子火,里面埋着竹节,火光和爆竹声吓走了来袭击的野兽,但人们还是受到毒蛇、毒虫的威胁。后来一位老人想到一个办法:他让小伙子们利用现成的大树作架子,捆上木材,再铺上竹片,再在顶上搭架子盖上顶棚,修起了大大小小的空中住房,吃饭睡觉都在上面,从此再也不怕毒蛇、毒虫以及猛兽的袭击了。这种建造于空中的住房后来就发展成吊脚楼。

传说二:

很久以前,土家族人的祖先居住在山洞中或大树下,靠狩猎、捕鱼为生。天上的神仙张天王看见土家族人世代住在山洞里和大树下,生活很苦,就去东海龙王那里借了一座殿宇来送给土家族人。张天王到了东海龙宫,见到龙王就直说了来意。龙王心想:"我的殿宇又大又重,量你也搬不动。"于是就答应了。张天王来到一座吊脚三柱二骑(即三根柱子落地,两根柱子悬空)的殿宇前,用手轻轻一提,就把殿宇提起来了。龙王一见,后悔不该答应,只好勉强地说:"用后还回来。"张天王说:"七天后就还回来。"张天王提着殿宇来到土家山寨,叫土家族人仿造了一座三柱二骑吊脚楼房。七天过去了,龙王来找张天王还殿宇。张天王说:"你要,我还你。"提起殿宇顺手一丢,就把殿宇丢在一条河边,横跨在河的两岸。"你自己去搬吧!"龙王自知搬不动,只好气冲冲地回龙宫去了。从此以后,每逢雨水季节,龙王都要发怒涨洪水,人们在涨水季节就不能从殿宇中过河。于是人们就在桥下安上斩龙刀,龙王再也不敢直闯殿宇楼房了,人们不但有房住了,来去过河也方便了。

传说三:

相传很久以前,有一户土家族农民,夫妇俩拉扯着两个孩子。每天丈夫劳动归来,总是把蓑衣、斗笠放在阶沿上。不料一天早晨,他们发现蓑衣和斗笠移到了墙旮旯里,原来是狗把蓑衣和斗笠衔到那里并在上面睡觉过夜。为了避免再出这种事,他们就找来了一根大竹篙,用葛藤绑在阶沿外边的柱头上,用来挂蓑衣和斗笠。又有一天,妻子坐在屋檐底下织麻补衣,两个孩子老缠着她,使她做不成活儿。她没办法,就找了几根木头、几块木板,就着挂蓑衣和斗笠的竹篙搭了一个平台。她坐到上边去,继续织麻补衣,也不怕孩子吵闹了。邻居们见到,觉得这样子很好,便效仿这种方式,并不断改进搭建方式,把平台发展成住房,这就成了吊脚楼。

渝东南土家族吊脚楼是适应环境而产生的物质文化，其有很多优势：一是底层架空，能够有效防潮避湿，通风干爽；二是取材于当地，造价较为低廉；三是依山傍水或靠着田坝而建，悬柱之间往往留有一定的空地，可喂养家畜，上层则用于居住和储物，充分利用了空间。吊脚楼这种"下养畜、中居人、上贮粮"的安排方式，为土家山民提供了一个有序而有效、满足生活实际需求的居住空间，具有很强的实用性。同时，渝东南土家族吊脚楼也具有其独特的美学价值。首先，渝东南土家族吊脚楼依山而建、就水而起，与当地环境很好地融为一体。房屋布局灵活，有的依山就势、层叠而上，有的绕弯溜脊、错落有致，有的背山占崖、居高临下，有的沿沟环谷、生动活泼，有的雄居山巅、气势壮观。其次，从吊脚楼的建筑形象来看，其形成了"占天不占地""天平地不平"的形态，使建筑本身显得极为灵动，毫无呆板之感。吊脚楼之吊脚原本会给人以"头重脚轻"之感，使人感到不稳定。但当它同建在实地上的正屋连在一起时，整个建筑物轻重协调，产生了节奏感，给人一种粗犷洒脱、淳朴深沉的艺术美感。再次，从细节来看，渝东南土家族吊脚楼还具有细部装饰精美的特点。其柱头、挑枋、栏杆、吊脚垂柱、柱础、门头、门窗花格等等，无不表现出土家人对审美的追求。这些构配件上往往雕饰以各种图案，如花卉、动物或几何纹等，反映了土家族人对美的追求、对吉祥的祈祝，也丰富了民居建筑的美感。

吊脚楼是渝东南土家族传统建筑技术与艺术美的结合,体现了实用性、地区性、技术性三个特点。从实用性而言,渝东南土家族吊脚楼作为民族物质文化的标志,不但充分满足了人们物质生活的需要,也满足了人们精神生活的需求;从地区性看,吊脚楼以它别致、优美的形式和艺术特色点缀所在的自然环境,通过与自然环境互相映衬、烘托和照应,使整个土家族山寨的景物得到美的升华;从技术性考察,吊脚楼博采我国木构建筑井干式、穿斗式、抬梁式的优点,集美观、坚固、实用于一体。

其整个构架均以榫卯相连,无钉无栓。从构思、设计到每一道工序的完成,不用图纸,其表现出土家族匠人们精湛的建筑技术和别具匠心的创造精神,体现了土家族传统建筑文化的技术性能与审美情趣的有效结合。

二、土家窗花

窗花是渝东南土家族独特的房屋装饰方法。土家窗花的风格独特,表现了土家族独特的生活习俗和历史文化信仰,也体现了土家族人精湛的工艺技术与丰富的想象力和创造力。

窗花有各种图案,有万字格的,有福字形的,有鱼虫花鸟等图案,还有表现土家族历史的图案。窗花有的是长方形,有的是正方形,有的是圆形。但多是几种形状组合,圆中有方,方中有圆,形状组合极少重复。窗花总体上体现了对称均匀之美。从窗花图案的内容来看,有蝶恋花,有花展枝,有鹿梅图,还有中国结等。窗花雕刻手段多样,有线刻、高浮雕、透雕和镂空雕等技巧,有不少窗花运用了各种雕刻技巧,具有层次丰满、形式丰富的效果。但无论是哪种图案,哪种造型,都是古朴、细腻、雅致、精巧的,显示出独特的艺术魅力。这些窗花是建筑的一部分,具有很好的通风、采光作用,不但具有实用性,而且美化了居住环境,展现了人们的审美观念,彰显了土家族人对美好生活的向往。土家族的古民居窗花是识字不多的民间工匠凭借民间传说和传统艺术,结合自己的领悟以及想象力,创造出的与生活息息相关的艺术作品。一般而言,富裕人家更注重居所的装饰,其居所的窗花形态更为丰富,因而,从窗花也可以看出一个家庭的文化背景与经济实力。

三、土家宗祠

渝东南土家族和其他地区的土家族一样讲究宗祠修建，凡是名门大族都讲究宗祠的修建。宗祠的建筑材料多采用砖、木、石头等。多为四角天井对称式建筑，中轴线上有牌楼和石库式的大门墙、戏楼、耳房、天井、正殿、后天井、后殿，两侧为厢房。结构采用抬梁式和穿斗式：明间为抬梁式结构，次间、稍间为穿斗式结构。左右对称，前后照应。建筑通常雕梁画栋，梁柱、川枋、门窗、柱础均有雕花和彩绘，体现了土家族人的匠心独运。宗祠的正殿中间设神龛，放置列祖列宗的牌位，神龛前面设有香案，用于放供果等祭品和香、烛、纸等。

宗祠是土家族祭祀祖先与族人议事的场所，在土家族人眼里非常神圣，是寄托土家族族群精神的地方。渝东南地区有多处保存完好的宗祠，如酉阳的彭氏宗祠和田氏宗祠、石柱的马家宗祠、秀山的杨氏宗祠等。各个宗祠各有特色，其建筑各有特点，是传统文化的重要物质载体。

四、摆手堂

摆手堂是土家族祭祀祖先和祈求丰年的祠宇，也是土家族聚众跳摆手舞的场所。摆手堂通常内有正堂三间，设神龛一座，供奉彭公爵主、向老官人、田好汉三尊神像。正堂前有一处能容纳数百人同时跳摆手舞的场所，四周的墙垣用青石板砌成，与正堂连成一体。正堂内无立柱，屋顶通过屋梁直接由石墙承受，上盖"人"字形黑瓦，与一般佛寺、道观建筑截然不同。与正堂相对的正前方设一大门,略呈牌坊状,门的立柱及横楣均用整块石头凿成。酉阳酉水河镇后溪村的摆手堂至今保存比较完好。

五、凉桥

凉桥亦称廊桥、风雨桥等,是在桥面上立柱构顶,形成长廊式走道的一种桥梁形式。凉桥的长度一般按照河溪的宽窄而确定。凉桥的建筑材料多为砖、木、石头、青瓦等,形式有单拱、双拱和多拱。渝东南凉桥的廊顶结构来源于当地的民居,桥面的建筑为土家族传统的建筑方式。凉桥建于河上或者溪沟之上,交通功能应是凉桥的主要功能。凉桥内通常建有栏杆和坐凳,为往来行人提供了休憩的场所。此外,一些凉桥还成为当地民众社交以及娱乐的空间,具备了社会功能。

六、三脚和鼎罐

三脚即三脚架,土家族人将其架于火塘之上,用于放置鼎罐、水壶等。三脚是生铁铸造的。相传土家族人在迁徙的过程之中,为方便做饭,用三块石头砌成灶,后来就演变成三脚。三脚具有稳定性,方便携带,铸造起来也比较简单。

土家族人所用的鼎罐为生水(铸铁)所铸,有耳无足,一般为四耳,也有六耳。罐体呈椭圆形,如被削去小头部分的鸡蛋。

一般的鼎罐口径小,尖圆底,腰身鼓出,表面光滑,内壁有点粗糙,而且壁上粘有很多铁

粉,洗干净才能使用,为生铁所铸,长期不使用会生锈。以前土家族人煮饭多用鼎罐。鼎罐中间有一道突起的"箍"(线),箍上均匀排列四片小铁片,名"耳子",是抬鼎罐的着力处。盖与罐沿平行,边缘向下突出,有一根"把"(握柄)。鼎罐是土家族人生活中的重要生活用具,土家族人在生活中还创造了关于鼎罐的语言文化,如"一个老汉黑又黑,屁股烧了不晓得"这个谜语的谜底,便是土家族人以前家家户户煮饭、炖汤、烧水所用的鼎罐。

土家族人常说:"人不学要落后,鼎罐不洗就生锈","只有鼎罐煮蛮蛮(饭),没有鼎罐煮文章"。这些民间谚语都表现了土家族人的生活智慧和人生哲学,是土家族人在农耕时代的生存欲望的心理表达。

七、堂屋

堂屋为渝东南土家族民居中的重要组成部分,一般居于建筑正中,宽敞明亮,是供"香火"、安"龙神"的特定场所,不作居室,只作举办婚丧大事和宴请宾客之用。

土家族人家的堂屋,一般出檐1米左右,留作檐廊。堂屋大门两扇、四扇、六扇不等,安有活动轴,遇婚丧大事时,拆掉此轴,堂屋便可与门外檐廊连成一片。中间屋梁上画有符图,土家人认为这样可以避邪恶。堂屋中壁立神龛,竖"天地君(国)亲师"和祖宗牌位,有的还设有"家神柜"。装神龛的讲究是要高于堂屋大门,俗谓:"神龛高过堂屋门,子孙发在自家门。神龛低于屋门口,荣华富贵往外走。"神龛由香案和牌位组成,案上陈放香炉、香灯、香碗、香柱、烛台和灵牌等。神龛布置庄重肃穆,逢年过节都应时上香,祭奠祖宗。神龛上忌放杂物,神祇楹联忌随意涂抹、撕扯。堂屋为年节喜庆之时待客之处,设宴摆席都在此。显然,堂屋在土家族传统民居中有着十分特殊的地位。

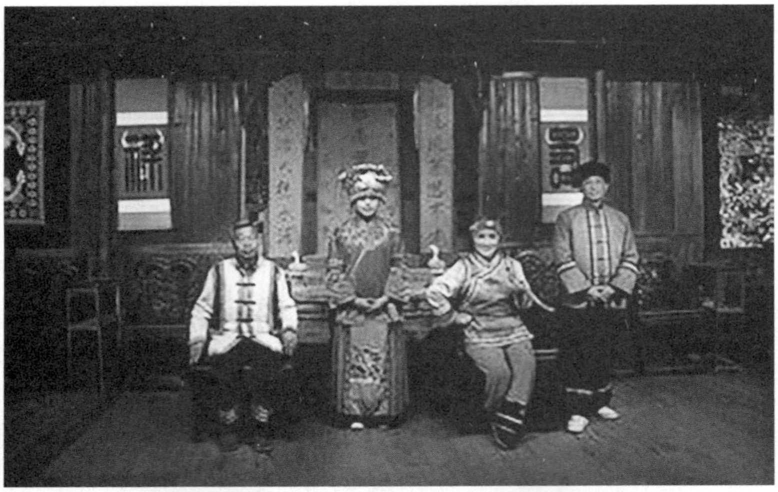

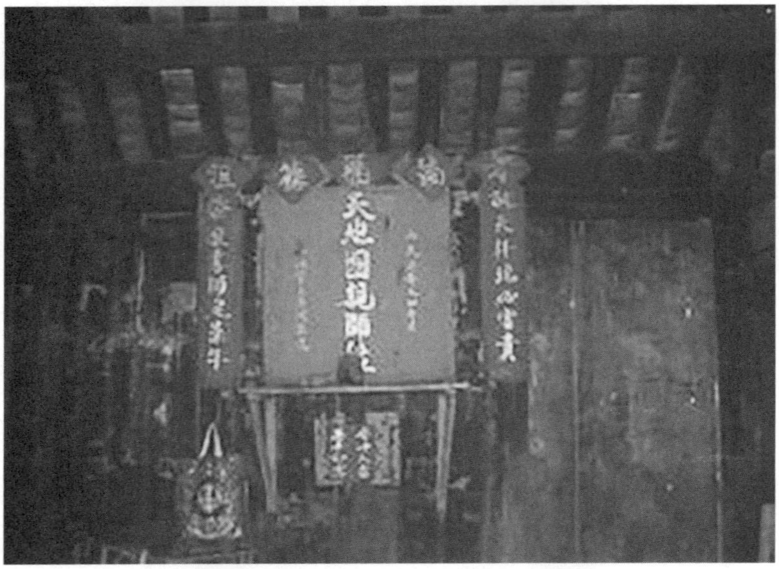
天地國親師位

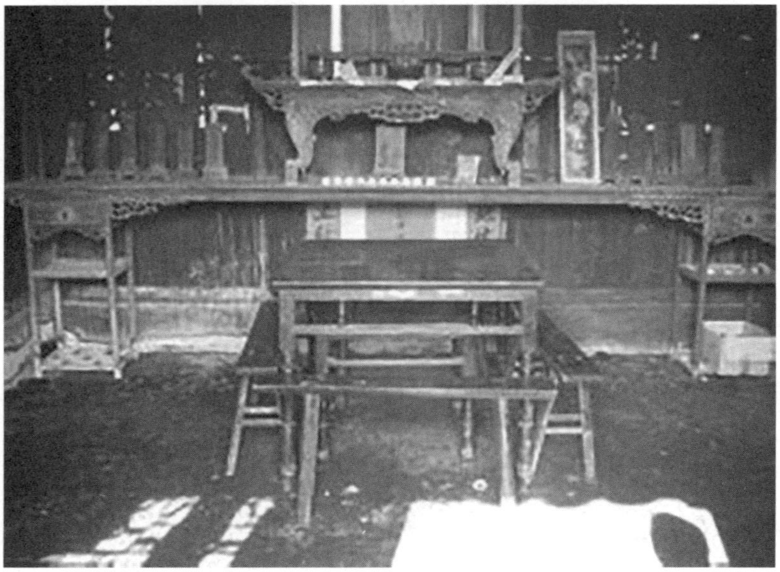

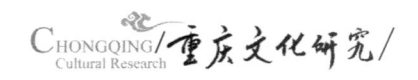

八、西兰卡普

"西兰卡普"即土家织锦。渝东南土家族人叫它"土花铺盖"。

在土家语里,"西兰"是铺盖的意思,"卡普"是花的意思,"西兰卡普"即土家族人的花铺盖。人们在"花铺盖"前冠以"土"字,以标示这项民间工艺与土家族有关联。土花铺盖是土家族人智慧与技艺的结晶,被誉为"土家之花"。按土家族习俗,从前土家族姑娘出嫁前,都要织"西兰卡普",当成主要嫁妆。新娘父母以有精美的土花铺盖陪嫁为荣,婆家也以此来判断新娘是否贤惠。

土花铺盖在色彩搭配上颇有讲究,酉阳有一首《西兰卡普》歌诀唱道:"黑配白,哪里得。红配绿,选不出。蓝配黄,放光芒。"土花铺盖纹样丰富,喜用对比色彩,多用暖色基调,表现出土家族女子对未来美好生活的憧憬。"土花铺盖"目前仍然在酉阳东部土家族聚居地盛行,具有象征喜庆生活的文化特征。

九、土家族服饰

服饰是一个民族外在的文化特征。不同的服饰,是区分不同民族的一个重要标志。

渝东南土家族服饰和其他土家族地区的服饰大同小异,有所革化,但仍然保留本民族传统的特点。渝东南土家族男子穿琵琶对襟上衣,缠青丝头帕,部分地方包白色的头帕。妇女穿着左襟大褂,滚两三道花边,衣袖比较宽大,下面着镶边筒裤或八幅罗裙,喜欢佩戴金、银、玉质饰物。渝东南土家族服饰以俭朴实用为原则,喜宽松,结构简单,衣短裤短、袖口和裤管肥大,衣边衣领会绣上花纹,绣工精致,色彩艳丽,特点鲜明。

十、土家碑刻

在渝东南土家族聚居地,人死之后都要立石碑,以展示生命的存在感。正碑上通常刻有"千古佳城""流芳百世"等词,有些墓还有较为详细的"墓志铭",记录墓主人的生平和业绩。古人的墓碑还是重要的历史文献资料。渝东南土家族地区保留了大量的墓葬石刻遗存,尤以酉阳县的苍岭、木叶、后坪等地古碑刻为多。

一些碑刻还记录了一个地方的社会经济发展情况。还有一些碑刻表现了土家族的生殖崇拜、图腾崇拜等文化特点。发掘和研究土家族的碑刻艺术,对于丰富民族民间艺术的内涵以及文化遗产的传承与发展具有重要意义。

关于王川平

杨晨南
(重庆中国三峡博物馆)

王川平,男,1950年出生,中共党员,第十一届全国政协委员,重庆中国三峡博物馆名誉馆长,享受国务院政府特殊津贴专家。主编《中国地域文化通览·重庆卷》《重庆历史文化丛书》等。出版《在历史与文化之间》《英雄之城——大轰炸下的重庆》《墓塔林》《王川平诗选》等。主创大型历史文献电视片《风雨同舟》《重庆》。

引子

2022年5月的山城,王川平起了个大早,受邀参加由重庆市委主要领导主持的"传承历史文化、建设文化强市"座谈会。会上,著名文博专家王川平向市委主要领导详细介绍了"巴渝文化"。巴渝文化形成在春秋战国时期,"巴"既指大巴山,又指"巴国""巴族",泛指"巴人"。"渝"指渝水,即嘉陵江,且"渝"又是重庆的简称。巴渝文化即在嘉陵江流域和峡江地区,以巴人为主体创建的古代文化……

时间回溯到1989年,当时王川平提笔为重庆市博物馆学术刊物《巴渝文化》(第一辑)撰写了《编者的话》。

时间来到1993年,全国首届巴渝文化学术研讨会暨重庆巴文化研究会成立大会召开,王川平撰写《重庆人文化心态》一文,从"重庆人"的形成、自然环境中的重庆人、民间歌谣与故事中的重庆人三个角度剖析重庆人的文化心态,以期提升重庆人的文化素养,通过"化人"达到"人化"。

重庆直辖初期,当时重庆市领导询问王川平:如何给直辖市重庆寻到更亲民、更具亲和力和亲切感的称谓? 王川平自信地回答说:巴渝大地、巴渝儿女、巴渝文化。

王川平回忆说,早在1981年6月,由邓少琴等人编著的《重庆简史和沿革》出版,其登载了重庆市博物馆董其祥先生的《重庆地理沿革简志》一文。

在研究中,王川平认为巴渝文化是生长在巴渝沃土之上,由古往今来在这块土地上辛勤耕耘的人培育、传承、护佑与发展的文化。它反映的是重庆文化的本质与底色,是重庆的本底文化。

巴渝文化在发展中,不断接受中华文化与世界文化的滋养,在与其他文化的互动中不断丰富自身内涵,扩大外延,增加势能。

一、三峡文物保护

关于"王川平"这个名字有一件趣事。重庆直辖第二天,也就是1997年6月19日,国家文物局在重庆召开全国文物系统对口支援三峡文物保护工作会议。时任重庆市文化局副局长的王川平作为甲方代表与各地高校和考古机构签了一百多份合同。那天,是中国三峡文物保护正式拉开大幕的一天。王川平笑说:"我的名字好,我的名字三个字,十二画,我的爹妈知道我今天要签这么多次字,所以给我起了一个最简单的名字。"事后有人说,三画(川)五画(平)名扬天下。王川平笑着说:"扬不了啦,行政事务缠身,命苦。"

重庆成立三峡文物保护领导小组,王川平一直担任组长到退休。他亦是重庆市人民政府三峡文物保护专家顾问组副组长。可以说,三峡保护中与重庆有关的绝大部分工作,王川平都有参与。"三峡文物保护的操盘手",他当之无愧。

王川平于1989年起分管重庆市文博工作,主持重庆库区三峡文物保护工作30余年。

提起三峡文物保护工程,人们自然而然会想起"三大项",即重庆涪陵白鹤梁原址水下保护工程、重庆忠县石宝寨原地保护工程、重庆云阳张桓侯庙搬迁保护工程。1988年,国家公布白鹤梁题刻为全国重点文物保护单位。而就在三峡文物抢救最为艰苦的2001年,国家又公布了忠县石宝寨、云阳张桓侯庙为全国重点文物保护单位。重庆还是三峡文物保护重庆库区的主力军,这给王川平和他的同人带来的压力是可想而知的。

从1992年至今,王川平到三峡400余次,其中超过1/4的次数是去涪陵白鹤梁。他回忆起当年这项耗资上亿元的保护工程时,依然坚定地说:"有人说,花上亿元保护几块石头不值——但我们认为,很值!"

在举世瞩目的三峡文物保护工程中,水位标高约138米的全国重点文物保护单位白鹤梁题刻是难度最大、科技含量最高、投资最多的文物保护项目。王川平作为重庆库区三峡文物保护工作的"操盘手",专门奔赴武汉,找到中国工程院院士、上海交通大学葛修润教授。葛院士创造性地提出了"无压容器"原址保护方案。

2010年,白鹤梁水下博物馆正式对外开放,白鹤梁题刻实现原址原貌保护和观赏,是目前世界上唯一建成的水下博物馆,成为国内外同类文化遗产成功保护的首例,联合国教科文组织将其誉为"世界首座非潜水可到达的水下遗址博物馆"。

同一时期,石宝寨的保护也紧锣密鼓地进行着。经过艰苦努力,2006年9月,石宝寨156米水位以下工程全部完成,当王川平向国务院三峡工程建设委员会办公室主任蒲海清和重庆市副市长甘宇平报告说"我们终于没有拖三峡蓄水的后腿!"时,在场的人们眼中都含着泪水。2010年12月,国家文物局在石宝寨召开保护工程综合验收会,结论是:该项工程是我国文物保护构筑物工程具有代表性的合格工程,为我国此类文物保护工程起到了示范作用。这一时期,重庆云阳张桓侯庙等一批文物抢救保护工程也依次完成。2010年10月26日,三峡水库坝前水位达到设计的海拔175米,标志着三峡工程建设阶段顺利结束,也表明三峡工程建设阶段的文物抢救与保护工作基本结束。

作为重庆市三峡文物保护领导小组组长的王川平,带领重庆市文物工作者与全国同行们,本着对人类文化遗产的敬畏之心,上演了一场三峡文物大抢救的历史正剧。作为一名文物工作者,30多年来,王川平400余次进入三峡地区,他记得国家文物局、国务院三峡建委、重庆市的领导和专家们一次次亲临现场,精心决策,细致把关,准确管理,热情鼓励;他记得来自四面八方的全国同行的艰苦劳作,他们中有白发苍苍的老者,有刚从学校毕业的青年,更多的是年富力强的学界中坚;他记得全国各行各业的支持者,多学科、多行业、多工种的人们为保护三峡文物聚到重庆长江边的山岭之中,在潮湿、暑热、寒风、霜冻中坚持作业。

正是有了全国各地的支援,才使规模如此巨大、难度如此艰深、时间如此紧迫的三峡文物保护工程有了今天这样的成果——王川平和他的同人拼尽全力,完成了这样一个"不可能完成的任务"。重庆文博事业通过三峡文物保护站在了新的历史起点上,三峡文物抢救工作顺利完成,后三峡文物保护工作有序推进。三峡文物大抢救为三峡地区的可持续发展保存了不可再生、不可替代的文化资源,为三峡国际黄金旅游带保住了文化之魂,为把三峡库区建成百万移民的精神家园保住了文脉和基础条件,是人类遗产保护史上的一次壮举。

王川平和他的同人们对得起祖先的遗产,对得起伟大的三峡。

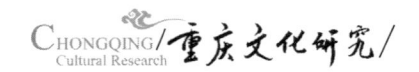

二、大足石刻申报世界文化遗产

为了让直辖后的重庆文物事业尽快迎头赶上京津沪三个老大哥直辖市,王川平在构思了三峡文物保护、三峡博物馆外,又开始考虑申报世界文化遗产,因为北京以外的其他三个直辖市还没有世界文化遗产,他把目光聚焦到大足石刻上。

大足石刻位于重庆市大足区境内,始建于唐代,至两宋达到鼎盛,以"五山"为代表,即宝顶山、北山、南山、石门山和石篆山。5万余尊石窟造像演绎了石窟艺术于宋代步入晚期后的再度辉煌,是中国南方最大的石窟造像群。

1996年,国家文物局将大足石刻正式列入申报世界文化遗产预备清单项目。同年12月,重庆市文物工作会议明确提出要将大足石刻申遗作为重点工作。重庆市政府成立重庆市大足石刻申报世界文化遗产委员会,王川平担任市申报委员会办公室主任兼市申遗专家组副组长。

当时在重庆市文化局主持文物工作的王川平记得,从1996年12月到1997年3月,他多次专门赶往大足召开申遗相关会议,平均下来每月1次。

王川平说,当时很少有人清楚地认识到,"世界文化遗产"这个概念对大足石刻的未来有多重要。最开始的时候,竟然还有质疑这项工作的杂音出现。王川平说,如果成功,重庆将有第一个世界文化遗产。全世界可以以大足石刻为窗口,重新认识这座城市,大足石刻也可以借机走向世界。

最终,市申报委员会确定了申报范围为宝顶山、北山、南山等五座山。作为"佛、道、儒"三教合一的重要见证的大足石刻,终于开始走向申报世界文化遗产的道路。

申遗工作加快推进,文物区环境质量是否达标,是申遗成败的关键。1997年3月,王川平和大足申遗指挥部一起着手协调九龙浴太子石刻附近的规划。当时宝顶山周边环境很差,圣迹池中的居民生活污水通过九龙浴太子出水口排出,远远就能闻到臭味,需要动员居民环保搬迁。此外,景区的规划也需要王川平和申遗指挥部一一协调。最终,18个单位、125户居民为保护文物搬迁,保护范围内臭气熏天的水池、杂乱的摊位、污染严重的猪圈得到彻底整治,大足石刻景区焕然一新。

1999年12月1日11时45分,对重庆大足石刻来说,注定是一个难忘的时刻,在摩洛哥举行的世界遗产委员会第23届会议上,大足石刻以其"艺术品质极高、题材丰富多变而闻名遐迩,从世俗到宗教,鲜明地反映了中国这一时期的日常社会生活,并充分证明了这一时期佛教、道教和儒家思想和谐相处的局面",被列入世界遗产名录,成为继敦煌莫高窟后,中国第二个石窟类世界文化遗产,惊艳世界。

王川平回忆1997年的工作时是这样评价的:大足石刻真正走向世界,重庆成为直辖市起到了关键作用。时至今日,人流如织的大足石刻,对重庆的意义已无须多言。那份由王川平把关,凝聚着许多人无数心血的大足石刻申报文本,至今都是国家文物局申报世界文化遗产的范本。

大足石刻申遗成功后的20余年里,大足石刻保护研究工作得到长足发展:2015年,集陈列展示、保护、收藏及服务于一体的大足石刻博物馆建成并投入使用;同年,我国同类石质文物保护的代表性工程宝顶山千手观音造像抢救性保护工程经8个寒暑终于完成,被评为第三届全国优秀文物保护工程;2017年,重庆市第一部保护历史文化遗产的专项法规《重庆市大足石刻保护条例》颁布施行;2019年,国家"十二五"重点图书出版工程、国内石窟考古报告里程碑式的代表作《大足石刻全集》正式出版。

2023年,在大足石刻研究院建院70周年的贺信中,王川平写道:

方银并大足石刻研究院:

蒙各位同仁厚爱,邀请参加贵院70周年庆典,特书函致庆。

从几个人的文保组、文管所,几十个人的博物馆到今天的研究院,从上世纪六十年代末的散落荒草到世纪交替列入世界文物遗产。七十年来,一代又一代的大足石刻守护者辛苦努力完成了这种转变。如今,老一辈大足人渐渐越显珍贵,中年一代挑起大梁,青壮一代茁壮成长成才,更年轻的一代也已上岗,一片兴旺向上景象。我有幸在上世纪六十年代偶遇大足,在八十年代必遇大足,陪伴了这个过程。我由衷感谢大足给重庆带来的文化底气和美好文彩。祝愿大足石刻研究院沐浴山川灵气岁月风华,走向更光明的未来。

视大足石刻为知己的王川平 贺

2023年1月2日 晨

三、三峡博物馆的文化依据

王川平曾形象地比喻三峡博物馆建设:"一棵大树一定是栽在土壤比较丰沃的地方,一

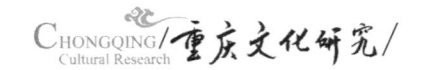

个大的博物馆,你修在小地方,活不了。"2000年9月27日,国务院办公厅正式批准同意将中国三峡博物馆暨重庆博物馆定名为"重庆中国三峡博物馆"。

从2000年12月启动到2005年6月博物馆正式开馆,在这4年多的时间里,国务院办公厅、国务院三建委办公室、国家发改委、国家编制委员会办公室、国家文物局的有关领导和重庆市委、市政府领导班子倾注了大量的心血。三峡博物馆作为重庆市的民心工程,从选址到设计方案的选择,广大市民都以投票的方式积极参与其中。市民对一座博物馆的建设如此关注,这在重庆甚至全国都是罕见的。

王川平作为建设筹备组组长、首任馆长,为博物馆建设倾注了大量心血。在博物馆工程建设中,在全国率先试行代建制;在建筑设计和设备购进方面,实行国际招标;在展览设计制作上,一方面组织专业骨干进行内容设计,一方面大胆尝试在全国招标展览制作,试行布展工程监理制;在文物入展挑选上,市领导高度重视,各有关部门全力支持,市委、市政府督查组竭力督办,使各区县有代表性的旧藏文物和三峡出土文物进了三峡博物馆;在陈列布展质量与进度上,全馆干部职工在室内装修和设备安装尚未完工的情况下,为抢时间交叉施工,大家齐心协力,战高温,斗酷暑,不分昼夜,不论老少,经受住了严峻的考验,高质量地完成了"远古巴渝""壮丽三峡""抗战岁月""城市之路"等多个陈列展览的布展工作。

王川平创设重庆中国三峡博物馆展陈体系时,确定了"远古巴渝""壮丽三峡""抗战岁月""城市之路"这四个基本陈列,分别表达了它们所对应的文化形态:"远古巴渝"对应的是以巴文化为主体构架的巴渝文化;"壮丽三峡"对应的是三峡山水和三峡文化;"抗战岁月"对应的是以重庆为代表的大后方抗战文化;"城市之路"对应的是以重庆工商业为核心动力和主要特征的近现代城市文化,且深入表达了从邹容到江竹筠再到西南大区建设的重庆革命文化。这在全国也是首创。

2005年6月18日,位于重庆人民大礼堂中轴线上,人民广场西侧,荣获全国建设行业最高荣誉"中国建筑工程鲁班奖"的重庆中国三峡博物馆正式开馆。国家文物局领导参观后说:"重庆中国三峡博物馆不愧'中国'二字,它把中国的博物馆建设推向了一个新高度!"兄弟省市博物馆同行在参观完三峡博物馆之后,兴奋地说:"重庆中国三峡博物馆给人极大的震撼……上海博物馆是中国博物馆的一个里程碑,三峡博物馆则是中国博物馆一个新的里程碑。"广大观众在参观之后踊跃留言称赞,如:"重庆中国三峡博物馆让我们了解了重庆历史,懂得了巴渝文化,3000年的岁月长河成就了重庆独一无二的城市灵魂。"

重庆中国三峡博物馆成为三峡历史文明的永久载体,三峡文物抢救保护工程的不朽纪念碑,长江文明的重要研究基地,重庆市爱国主义教育的主要阵地,中外文化交流的亮丽窗口和千万重庆人民引以为豪的城市名片。

三峡文物保护催生了三峡博物馆群建设。王川平主持策划建设了重庆中国三峡博物馆、白鹤梁水下博物馆、巫山博物馆等,这些博物馆开放后形成了系列展示群。此后,三峡移民纪念馆、三峡工程纪念馆等三峡博物馆群就像一颗颗文化明珠,镶嵌在长江三峡黄金旅游带上,与新三峡美景相互辉映。

四、文化旅游与长江文化

有人说,文化人退与不退都一个样,上班做文化,下班也做文化,在岗做文化,退休也做文化,文化是他的根,也是他的命,文化人就是为文化而生的。王川平就是这样一个人,研究了一辈子长江、三峡和重庆文化。

1986年至1989年期间,王川平主持重庆市博物馆工作。当时,董其祥先生实施了一个计划。董老是重庆市博物馆的开创者、西南民族史研究的奠基人、西南著名的考古学家、巴蜀史学家、民族史学家、地方史志学家、文博专家,是难得的文博通才。当时,董老带着年轻的王川平等人,乘着一辆破吉普车,足迹踏遍綦江、长寿、江津、江北、永川、大足等地。一路上,王川平一边读重庆文物,一边读董老人品学识。2004年,王川平为《董其祥历史与考古文集》作序,深情地追忆起这一段难忘的经历,称其为自己的"走读研究生"课程。

其后30余年间,王川平致力于巴渝文化、三峡文化研究,著作颇丰。王川平主编了三峡文物地面文物保护报告集、地下文物考古报告集共2000余万字,主编了《中国地域文化通览·重庆卷》《重庆历史文化丛书》《老重庆影像志》等著作近千万字;出版了《在历史与文化之间》《英雄之城——大轰炸下的重庆》等书。

王川平作为重庆市政府旅游高级顾问,利用自身专业特长,围绕重庆市旅游的难点、热点,对三峡旅游、旅游文化融合、旅游产业发展、工业旅游等方面进行调查、研究,提出系列对策和建议,为全市文化旅游发展提供了重要决策参考,这些建议被市级相关部门采纳应用并取得较好效果。

王川平作为生长在长江边上的重庆文物工作者,在从事三峡文物保护过程中,不断深化对长江文明的理性思考。

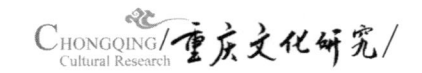

2008年,在国家文物局、北京市文物局、首都博物馆的大力支持下,王川平策划并组织实施长江文明展,宣传长江文明在中华文明和世界文明中的贡献,在全国乃至世界舞台上展示熠熠生辉的长江文明,为北京奥运献上一份文化厚礼。该展览以宏观的视角展示出长江文明的历史地位与历史贡献,让观众了解长江文明的整体特征与文化内涵,启发人们对长江文明以及大河文明的思考与向往。同时,通过展现长江文明的发生与发展过程,深入挖掘长江文明的灵魂与精髓,从横向上揭示其对中华文明、人类文明的历史贡献,从纵向上博古通今,浚源疏流,揭示长江文明的源头及其对今天的深远影响。

同年,在王川平的深切关心下,重庆中国三峡博物馆学术刊物《长江文明》创刊,成为长江文明研究重要的学术平台。

2019年,长征国家文化公园迈出了启动建设的铿锵步伐;2022年,长江国家文化公园建设正式启动,长征、长江等五大国家文化公园的总体建设布局初步成形。2022年11月,作为长江国家文化公园(重庆段)和长征国家文化公园(重庆段)建设专家咨询委员会专家的王川平,精神矍铄地来到三峡博物馆学术报告厅,认真听取并审议了《长江国家文化公园(重庆段)建设保护规划(审议稿)》(以下简称《规划》)和《长江诗词数字化及应用传播工程实施方案(讨论稿)》。作为持续关心长江的资深专家,王川平说,长江是我国第一大河流,与黄河一起并称为中华民族的母亲河,是中华文明多元一体格局的标志性象征。以国家之力,推动长江、长征等国家文化公园建设,功在当代,利在千秋,是一项重大战略性文化工程,关系着中华民族历史文脉的传承。

五、诗人王川平

王川平不仅是一个文博专家,还是一个诗人,其代表作长诗《雩舞》的构思可追溯到1982年他在山东大学时。

王川平在《雩舞》中融合了诗与剧,剧诗是剧对诗的渗透,是诗借助剧来丰富自己。诗剧是剧,而剧诗是诗。《雩舞》中诗人广采民谣入诗,讲述人对苦难的抗争,神话或史书中的寥寥数语在诗中幻变为动人的生命仪式,一部富有叙事构架的可以朗诵的剧诗出现在读者面前。《雩舞》先后于1988年荣获第二届四川文学奖,1989年荣获重庆作协颁发的建国四十周年重庆文学奖。王川平正是以远古神话题材证明自己的才能与优势的。

在这一系列创作实验结束后,王川平的诗歌出人意料地转向抒情小品的闲适写作,出版了诗集《王川平诗选》《女孩子、老人及其它》,广受赞誉。

庚子年初,王川平拿起笔,创作诗歌《写给浸在消毒液里的世界诗歌日》。这首诗也作为全文的结尾。

写给浸在消毒液里的世界诗歌日

中国庚子年二月二十八
世界诗歌日,深深浸在
弥漫全球的消毒液里
日子已沤白了

诗人们,请在今天务必收起
诗的浪漫,小心翼翼,轻轻
再轻一些,因为今天
病毒确诊者将超过30万!不!不!待诊的确诊者
将以百万计。这一天
病毒死者将超过一万!不知
还有多少不同肤色的兄弟
将永远失去生命

中国武汉封城58天还未解封
传来欧洲封国的消息
美丽的意大利疫情紧急
每半小时有一场集体葬礼
此刻,人类本该协力同心
然而……但是……并不……

人类却在互相制裁,攻击
把武器弥漫进太空
航母舰队在公海游弋

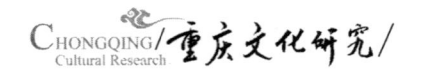

核弹成千上万，可狂人们

让地球毁灭一次仍不过瘾

正做十五次或十六次的游戏

南极高烧20摄氏度

北极32摄氏度

喜马拉雅的冰塔林

正步步紧逼山巅

亚马孙雨林遭受剐刑

每五分钟就削去一个足球场

的面积

极地那永恒的冻土

正在解冻，冰封的古老病毒

幻想着成为人类的无敌死神

大自然流血不止，而人类

正向消灭百万物种目标狂进

伤痕累累的地球，陆地和

海洋，都在流泪

大自然一次又一次示警

人类却一次又一次造孽

就连一波又一波病毒的飓风

也吹不醒狂妄好斗的头领

今天，就在今天

请让我以浸泡在全球消毒液中的

世界诗歌节的名义

以诗的名义

代苦难的人类宣言——

放弃纷争，战胜瘟疫
我们要生命！

消灭战争，扼制狂人
我们要和平！

消除歧视，战胜偏见
我们要平等！

拯救地球，保护环境
我们要家园！

四海之内
皆为兄弟

二〇二〇年三月二十一日 王川平
《庚子杂记》五十一

文化是集邮的灵魂
——重庆集邮讲座回顾

钟传胜
（重庆市巴南区文艺评论家协会）

1997年重庆直辖后，笔者在市邮协秘书处承担组织、宣传兼编辑工作。2005年，市邮协被评为重庆市优秀社团，秘书处在取得成绩的基础上，以文化为依托，扩大集邮的社会影响，那些年国家发行的重庆地方选题邮票明显多于以往，笔者在《重庆日报》《重庆晚报》《重庆商报》等报刊上连续发表"邮票上的重庆事物"系列介绍文章，在电台做了专题节目，在基层进行了知识讲座，得到了较好的社会反响。为庆祝重庆直辖10周年，市邮协秘书处策划于2007年开展较大范围的集邮知识讲座活动。作为活动的参加者，笔者既在知识探索中锻炼了自己，又获取了多方面的收益。

一、生肖文化集邮知识研讨讲座

2006年，市邮协在荣昌举办了"重庆市生肖文化集邮研讨会"，市邮协秘书长李志敏主持，60余人参加研讨活动。鉴于2007年将在荣昌举办《丁亥年》邮票首发式，市邮协选择在荣昌提前举办讲座和生肖集邮展览，以达到预热效应。

李志敏对国家邮政局批准在荣昌举办《丁亥年》邮票首发式的意义进行了阐述。研讨会上，笔者对传统文化中生肖纪年的历史渊源进行了讲解，应听众要求，将讲义复印后发给相关人士。西南政法大学党委宣传部原部长黄廷孝谈到了生肖邮票的收集，蔡绍忠等介绍了世界各国发行中国题材生肖邮票的盛况以及生肖地名邮戳如何收集，等等，为《丁亥年》猪年邮票的首发，进行了切实的文化铺垫。

二、中国木版年画研讨会

2007年，市邮协在梁平举行了"中国木版年画研讨会"，笔者在研讨会上进行了"武强木版年画"专题发言。此次活动,为国家邮政局于2010年发行《梁平木版年画》特种邮票1套4枚加小全张一张打下了坚实的申报基础,参加研讨会的有梁平木版年画非物质文化遗产主要传承人和当地文化界代表30余人。

三、龙文化研讨和集邮知识讲座

2007年4月6日,市邮协在铜梁举办了"中国龙文化研讨会";4月12日,举办了"集邮知识讲座"。笔者随市邮协秘书处参加了上述活动,担任了知识讲座主讲。铜梁县(今铜梁区)文化界相关人士参加了上述活动。

国家邮政局于2007年4月13日发行了《舞龙舞狮》邮票1套2枚。"舞龙"是中国民间传统文化活动,早在2000多年前的汉代,就形成了完整的表演形式。"舞狮"形成于东汉三国时期的军营。重庆铜梁素以"龙乡"著称,为此,中国邮政和重庆市人民政府联合,在铜梁金龙体育馆举行了隆重的邮票首发式,铜梁的4支主要舞龙队进行了精彩的表演,邮票设计师姜伟杰等也来到现场为集邮爱好者签名。

四、纪念杨尚昆诞生100周年

(一)知识讲座和邮票首发式

2007年,国家邮政局发行了《杨尚昆同志诞生一百周年》纪念邮票1套2枚。市邮协于7月举办了"杨尚昆的光辉一生"专题知识讲座,笔者主讲。为此,笔者提前收集、整理了相关资料,写出了两万余字的讲稿。参加讲座者中不乏对杨尚昆生平颇有研究的人士,笔者顺利讲完后,听众反映所讲内容翔实可信。笔者在现场也感受到知识讲座确实是受集邮者欢迎的文化交流方式,对拓宽眼界、交流思想、增加知识具有重要作用。7月6日,《杨尚昆同志诞生一百周年》邮票首发仪式在潼南隆重举行。

(二)集邮、摄影讲座

2007年7月6日下午,市邮协和市摄影家协会联合在江北五洲大酒店举办了"纪念杨尚昆同志诞生100周年摄影集邮讲座及邮品签名活动"。市邮协会长黄绍林和市摄影家协会秘书长梁裕新等近400名集邮、摄影界人士参加,活动由市邮协副会长王万其主持。笔者首先介绍了杨尚昆的生平、家庭,以及邮票的设计背景和特色,并对杨尚昆的儿子——我国著名摄影家、集邮家杨绍明先生做了介绍。

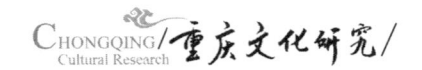

杨绍明一下飞机就赶到了活动现场。他性格爽朗，演讲内容非常精彩。他深情地回顾了他的父亲杨尚昆、母亲李伯钊的革命人生，以及自己的摄影和集邮经历。讲完后，杨绍明又与我国著名邮票设计家任国恩、姜伟杰、李志宏等为大家签名。

五、建军八十周年集邮研讨

2007年，我国发行了《八一军徽》《中国人民解放军建军八十周年》邮票。重庆选择在聂荣臻元帅故里江津举办集邮研讨、专题纪念邮展和邮票首发仪式。7月29日，市邮协举办了"庆祝建军80周年集邮研究会"。何捷回顾了建军初期的南昌起义、秋收起义、广州起义等，龚增廷做了以"长征——人类历史上的创举"为题目的发言，蔡绍忠叙述了伟大的抗日战争，郑南初简述了伟大的战略决战——解放战争，笔者叙述了人民解放军的现代化建设。

六、金秋库区行

2007年金秋十月，为配合《长江三峡库区古迹》邮票发行，市邮协组织相关人员，到忠县、云阳、巫山等地举行了"长江三峡库区文化集邮研讨会"。10月8日下午，在忠县的研讨会上，参会者谈到了该县的国宝级文物，巴渝"忠"文化，等等。在知识讲座中，笔者的演讲主题是"巴文化概说"，黄廷孝的演讲主题是"长江文化"，郑南初的演讲主题是"三国文化"。

10月9日上午，在云阳的研讨会上，县委宣传部部长对邮票首发式在云阳举行表达了深受鼓舞的心情。10月10日上午，县文管所所长着重介绍了巫山龙骨坡和大溪文化遗址的文化内涵和意义。

集邮是综合性社会文化活动，从1840年邮票出现至今，集邮受到了人们广泛的喜爱。邮票被誉为"形象的百科全书"，叶圣陶先生有"集邮宁唯资闲遣，其意其趣良非浅，展册方寸罗万象，宛如卧游博物馆"的诗句以咏之。

从1997年10月《重庆日报》刊发我撰写的《邮票选题与重庆文化》后，我一直关注并参与了重庆地方邮票选题活动。记得最清楚的是2008年10月14日在渝通宾馆召开的"重庆邮票选题征集会"，会议由市邮政管理局主持召开，市委宣传部、市文联、市文史馆、市邮协等单位相关人士参加。王万其、李自治、郭相颖等代表都做了精心准备，提出了较为全面的意见和建议，他们的建议后来也得到了采纳和实施。笔者还参加了市邮管局召开的"重庆邮票选题研讨会"，在《重庆集邮》刊发了《重庆邮票选题再议》，提出多方面的建议。回顾过往经历的集邮文化活动，至今仍觉得余韵无穷。

艺苑

《"艺"起坚守,"疫"起战斗》插画 林倩(重庆)

《通道转兵》 中国画 梁腾（澳门）

《风平浪静》油画 李英武（重庆）

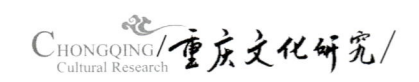

《南国拾趣》 中国画 许苑琳（云南）

《若古若今》绢本　籍洪达（北京）

《封神》数字绘画 曾荣麒（重庆）

《徽班记忆》 中国画 凌晓星（安徽）

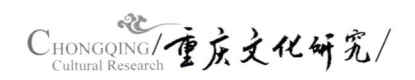

《赴汤蹈火——最美消防人》布面油画 江书军（重庆）

《岳麓书院》布面油画 杨贵（湖南）

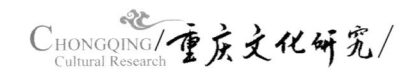

《窗外的声音》漆画 赵艺粼（重庆）

《战疫色彩》插画 李梦琪、傅淑萍（重庆）

《潮涌自贸港》 中国画 梁增权（海南）

《致敬火焰蓝》插画 龚晓雪（重庆）

《衍》纤维艺术设计 寿家梅（重庆）

《都市物语系列》之一 纸本水墨 郝孝飞（湖北）

《探海蛟龙》版画 穆子裕（重庆）

《渔港晨晖》中国画 谢添（山东）

《I and myselves:万象更新》油画 刘艺（重庆）

《标尺历史系列——良渚玉器》油画 汪文斌（浙江）

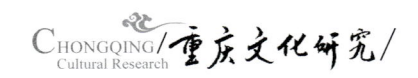

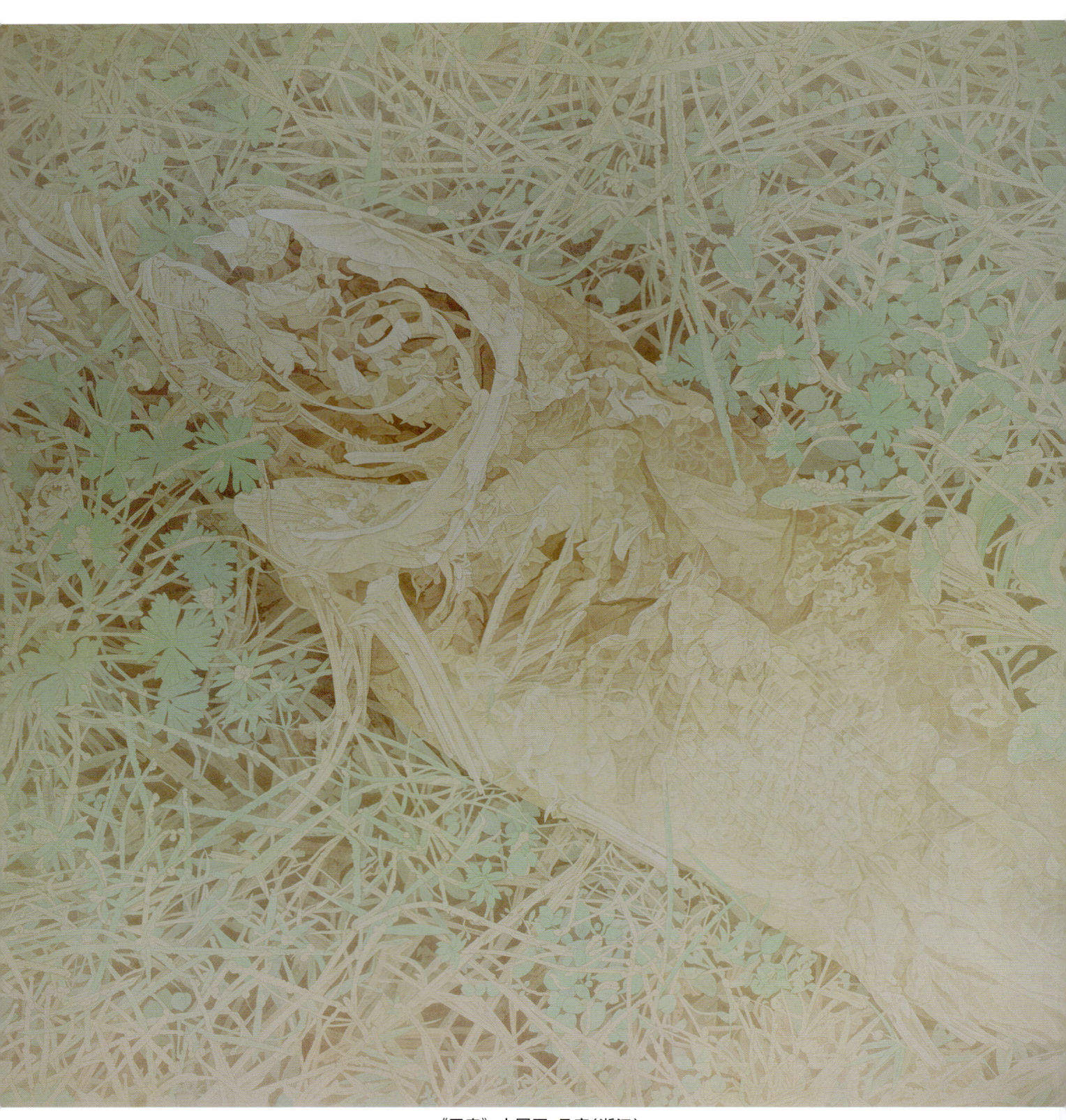

《回春》中国画 吴宾（浙江）

《春回大地》油画 李阳（湖南）

《逐梦太空》 国画 孙春龙(山东)

载酒中流亦快哉
——我与万龙生老兄的诗酒之缘

陈仁德

很多年来,我以诗酒结缘在全国交了不少朋友,切磋诗艺,畅饮美酒,其乐陶陶。万龙生老兄就是其中之一。

万龙生长我十岁,驰名文坛已久,按理我应尊称老师,但他却坚决反对,而以兄弟相称,我只得从之。从二十世纪九十年代开始,我对他久闻大名可惜无缘拜识。那时重庆尚未直辖,我主要是和四川省诗词界人士交往,与重庆诗词界虽有接触但不多。从酝酿直辖开始,我渐渐和重庆诗词界接触多起来。由于我在诗词界已经小有虚名,龙生兄也关注到了我,他在我们共同的诗友蔡淑萍那里看到了我的一些作品,认为还不错。那时他是《重庆日报》副刊部主任,就请诗家王端诚为我撰写了一篇评论,发表在《重庆日报》上,题为《为时为事而吟——读陈仁德诗词感言》。王端诚在文中对我颇有谬奖之词,让我受之有愧。那时我已年过四十,并不年轻,还勉强被称为"青年诗人"。这是我在重庆媒体的首次亮相,作为一个小县城里的业余诗词写作者,能够有此殊荣是很不容易的。龙生兄此举纯粹是出于公心,没有一点私情,因为我们还素无交往,更未曾谋面。

1997年,我因事到重庆,于金汤街民盟大院拜访淑萍姐,谈到龙生兄,淑萍姐立即打电话给他说:"仁德到了,你快来。"没多久龙生兄就打出租车赶到。这是我第一次见到传说中的诗酒大侠万龙生。他身材魁梧,器宇轩昂,戴着黑框眼镜,头发蓬松,双鬓略见白发,满面笑容。虽然是第一次见面,却没有一点生疏感,真的是一见如故。那天我随身带去了近作《古风四首》,其中有云:"天网自恢恢,虽疏而不漏。古语传千年,吾宁信其有。惜哉长相浸,网破时已久。遂令乌贼鱼,纷从破处走。或有收网时,无鱼只蝌蚪。如此年复年,网将何以守。补网应有期,张网待巨手。丑类一网除,天威重抖擞。"龙生兄边看边说:"好啊,当代古典诗词的发展要找到一条新的路子,也许就是这种路子。"

这次相见最难得的场面是,淑萍姐说:"你们坐一会儿,我去准备点小菜你们喝酒。"说完就转身出门,不料想龙生兄叫住淑萍姐说:"不必菜肴,以友谊佐酒可也。"当即与我各斟酒一盅,且谈且饮,直到酒盅见底,真是酣畅淋漓。当晚我归舍后赋七古一首以记其事:

初识万龙生兄于蔡淑萍姐寓所,蔡姐欲备肴小饮,万兄曰:"不必,以友谊佐酒可也"。遂各尽一盅。是夜得句,寄万兄蔡姐求正。

玉盘珍馐值万钱,何如高谊义薄天。
万兄一语忽惊座,蔡姐斟酒酒溅溅。
意气纵横文字交,痛饮原不在佳肴。
小酌便引诗兴发,大醉能令块垒消。
灵犀在心杯在手,此逢似已相待久。
渝州三月春烂漫,诗人兴会宁无酒。
莫管镜中鬓渐摧,且就樽前共徘徊。
醉乡别有好天地,抵掌一笑尽馀杯。

万龙生和陈仁德交流

诗虽一般般,却是真情实感,留下难得的美好记忆。

这之后我便开始和龙生兄通信互寄诗稿（那时网络通信并不发达），有一次他寄来忆昔四绝句，我读后隐括成一律：

> 湖畔波光映鬓丝，一灯红处夜谈诗。
> 春山路断云深处，小巷人归日暮时。
> 伊甸寻来圆旧梦，阮郎醉后有新词。
> 朦胧斗室风光好，栀子花开第几枝。

我和龙生兄最有趣的故事发生在1998年。那时我已经在万州的《三峡都市报》做记者，某天午饭时，我手机忽然响了，电话里传来龙生兄的声音。他告诉我，他此时正在轮船上，即将抵达万州港，轮船将在万州停靠一小时，要我赶到船上相见。我闻讯立即放下碗筷跑出门去备好卤菜和白酒赶往码头，当我左右手各提一袋东西赶到码头时，轮船正好进港。我登船找到龙生兄，喜不自禁。船舱里还意外见到他同行的几位诗家：蒲健夫、王端诚、朱墨、李泽全。他们此行是前往云阳拜访县长萧敏，也是商议诗词方面的事。当下就打开酒瓶畅饮起来。谁知兴犹未尽，一小时转眼就过去了，轮船上一遍遍地广播："请送客的赶快下船，船马上就要离港。"这时我做出了一个让他们非常惊讶的决定，我不下船了，就一直喝酒喝到云阳去。我随即拿出手机给家中打电话，说今天不回家了，到云阳去也。然后就和龙生兄等人继续喝酒谈诗，一直喝到了云阳。人生有如此兴会，不亦乐乎！有诗为证：

> 闻风我自抱瓶来，
> 载酒中流亦快哉。
> 醉里不知江水远，
> 轻舟忽过故陵台。
> ——和龙生兄五绝句之一

这件事和这首诗二十多年来在朋友中广为传诵，视为诗坛佳话，我们后来也反复回忆起那情景，诗的风雅加上酒的激情，真乃人生不可多得之至乐也。

世纪之交，我到《重庆商报》做编辑，从此和龙生兄时相过从，如鱼得水，乐在其中。一个从小县城来的人，赤手空拳很难在大都市里打出一片江山来。这时全靠龙生兄倾力相助、逢人说项，把他丰富的人脉资源尽量引荐给我。加之我本人能诗能酒，很快就和一大帮

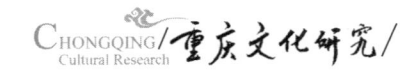

诗词界朋友打得火热,诗酒之会,每周不断,龙生兄形容为"到重庆不三月就搞得河翻水翻"。忽然冒出来一个和他一样嗜酒爱诗痛饮狂歌的小兄弟,他也很高兴。我们一起到过很多地方,成都、江油、剑阁、阆中、宜宾、武胜……我们在酒席上"划南北派",联手出击,势压群雄。在著名的酒城泸州,让当地那些诗词界的酒豪们也甘拜下风。经常是喝得空酒瓶堆满一地,还在高呼"两兄弟好啊",诗曰:

长瓶堆地自横斜,

拇战喧呼动酒家,

夜半飘然归舍去,

无端惊断一池蛙。

2000年重阳,我们联袂登上平顶山,我填词一首赠龙生兄:

摸鱼儿·呈万龙生兄

又重阳,菊花开了,西风归雁时节。长空云淡斜晖渺,天际乱峰重叠。看落叶,似着意,向人飘舞如蝴蝶。玉盘若雪,且满饮琼浆,醉吟陶韵,篱下共欢悦。

凭栏处,无那肝肠易热。青霄几欲飞越。高歌抛却家山好,来访渝州豪杰。诗兴发,君共我,恍然似在神仙阙。江天寥阔,正绝顶登临,苍茫意绪,岚气远相接。

"高歌抛却家山好,来访渝州豪杰。诗兴发,君共我,恍然似在神仙阙。"正是当时写照。

我五十岁后,反思前半生的历程,觉得自己的诗词乏善可陈,倘与古人相比则相差太远甚至一无是处。都已经五十岁了,还能有什么长进?纠结再三,决定就此搁笔,永远不再写诗词,而且要说到做到。当我把这一决定告诉龙生兄时,他原本微笑着的面容马上严肃起来,说:"你怎么能够做出这种决定?你要是这样,我们从此就不是朋友了!"他如此动怒,让我大吃一惊。他接着说,五十岁正是走向诗艺成熟的时候,你这么好的基础,在重庆并不多见,这不是个人的事,是传承民族文化的大事云云。我不禁汗涔涔下,像做了错事的小孩一样,不敢申辩,当即表态收回我的决定,继续写诗词——我有点怕他不认我做朋友了。事实证明,龙生兄是对的,我在那之后,诗词还真的上了新台阶,比之前深沉厚重多了。

2004年,我的诗词集《云气轩吟稿》出版,龙生兄和梁上泉、蒲健夫分别作序,我真是不胜荣幸之至。龙生兄作序为《陈仁德其人其诗》，其中有云："我曾写过一篇随笔，题为《诗酒友》，这三者都是我平生的最爱，而陈仁德竟占全了。我们就是靠诗酒为'媒'成为至交的……陈仁德可谓嗜酒如命，往往闻酒而动；而又爱友至深，视之有如弟兄。"我为此赋诗致谢：

> 端合渝州寄此身，良朋聚久即亲人。
> 前缘已定三生石，今世重逢百丈尘。
> 千古文章低首拜，两江风景入眸新。
> 殷勤多谢诸君子，敝帚当时只自珍。

有一天，龙生兄很神秘地对我说，他在纯阳洞发现了一个喝酒的好去处，那里的酒全是烫着吃。我就想到了吕纯阳醉酒以及古人关于烫酒的种种传说，古人称烫酒为温酒或煮酒，《三国演义》里就有关羽温酒斩华雄和曹刘煮酒论英雄的故事。我按捺不住，马上就与龙生兄去了那里。那是小巷里的一家老酒馆，门上高悬"纯阳酒馆"的黑底黄字招牌，进得门去，老板娘便热情招呼，可想龙生兄已不止一次造访过。店里有一热气氤氲的大缸，大缸里烫着一摞摞小土陶酒罐，需要时就提到桌子上来。菜品也全是民间家常菜，豌豆汤、折耳根、炒胡豆之类，那才是别有风味。以后我们就常去那里对饮，虽然不能"温酒斩华雄"，但"煮酒论英雄"还是可以的。我写有《秋日与龙生兄饮纯阳洞酒馆，调寄忆江南三首》：

> 车尘外，小巷店门开。此是纯阳曾醉处，抬头犹见老招牌。一笑我重来。秋风起，落叶动诗怀。老眼频看新世界，新潮已改旧楼台。且尽手中杯。沉吟久，国事费疑猜。惯听大江流日夜，难凭杯酒洗尘埃。小醉即悠哉。

但凡有喝酒的好事，龙生兄就会叫上我一起大快朵颐。有一次他电话约我去临江门大世界酒店，我赶去时，他已与梁上泉、蒋春光、毛锡雄诸先生先到，另有一位明眸皓齿、风姿绰约的美女吴某在座。酒酣耳热，谈及诗词，吴美女自言最喜龚自珍之"化作春泥更护花"，龙生兄即命我以此赋诗，我遂遵命口占一绝：

> 仿佛云天焕彩霞，
> 亭亭玉女出吴家。

> 风光最是今宵好，
> 不是春泥也护花。

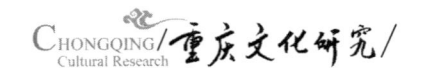

诗成后意犹未尽，又用前韵胡诌一绝：

> 相看脸上泛红霞，
> 今夜初逢在酒家。
> 为问缘何诗意出，
> 佳人隔座貌如花。

美女连连称谢，龙生兄击节称赞，而我已醉也。

我们之间的诗酒佳话还真是多，说不完。2008年冬，倾注着龙生兄大量心血的《东方诗风》创刊号面世，龙生兄招饮诸友于南纪门，席间发生了一件非常令人欣慰的事情。就在我们旁若无人地拿着创刊号高谈阔论时，一个面目清秀的约莫十八九岁的女服务员小心翼翼地上前来问："看样子各位老师都是诗人？"她这一问立即让正在亢奋中的诗人们安静下来。这个时代诗人并不吃香，怎么她还对诗人感兴趣？她接着说："我从小就喜欢诗歌，因为家庭经济困难，放弃了学业外出打工，但心里还是很喜欢诗歌。听各位老师谈诗歌谈得这么开心，所以过来问问。"她因为要忙着干活，不能一直站着和我们谈话，在匆匆离开前很恭敬地说："各位老师，我很想要一本你们的创刊号，可以签名一本送我吗？"诗人们都感动了，马上送她一本。龙生兄提议，每个人都依次在扉页上为这位小姑娘工工整整地签名，这让那小姑娘喜出望外，一再称谢捧书而去。这种美妙的感觉，不可无诗，我为此赋诗曰：

> 朗吟豪饮气纵横，
> 一卷新编共点评。
> 莫道诗人皆落寞，
> 小姑隔座索签名。

龙生兄也生出很多感慨，他怀疑那小姑娘不是凡人，而是缪斯的化身。

毕竟我们也一天天老了，哪能纵酒无度，所以龙生兄经常以兄长身份提醒我不要喝多了。一个生平嗜酒的人去提醒别人不要喝多了，是不是很没有说服力？

2011年端午后二日,我夜访郑远彬兄,对饮畅叙至三更始归,即兴赋诗曰:

渝州城外路,灯黯晚风凉。
忽尔三更近,飘然万事忘。
兴来歌咏起,醉后议论狂。
欲去何能去,中宵意转长。

诗写好后手机传与龙生兄,一会儿就收到回复,乃是一首五绝:

缘何夜不收,
莫叫酒昏头。
花甲行将满,
须知汝已秋。

他是在殷殷告诫我,年近花甲了,不要深夜还在外面醉酒。我乘着酒兴立即原韵回答他:

意气总难收,
浑忘白了头。
三春虚掷尽,
能不惜金秋。

岁月倥偬,我很快就年届花甲了,龙生兄欣然为我的生日纪念集《云气轩文存》作序,题为"文化的奇迹",颇多奖誉,我愧不敢当,这里悉数略去不举,只说他文中又诚恳告诫我:"我愿以兄长的名义,嘱仁德善自珍摄,不要过劳过饮,让今后的日子过得更加充实,更加美满,更加幸福;当然,更重要的是,同时实现诗文并进,更上层楼。"这真令我感动了。他同时还赠诗一首:

寿仁德六十初度并贺其《云气轩文存》问世
早年失学的孩子竟成为诗人学人岂不是一个奇迹按常识难以置信
岁月严酷的抉择众里挑一的遗存可叹无数的良种早就湮没于沙尘

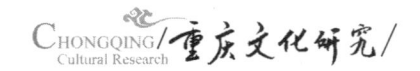

不负天赐的才具付出超常的辛勤今日才精彩纷呈

当朋侪举杯相庆惯于跋涉的良骥又扬蹄向天长鸣

2014年7月10日,我偶然在旧稿中看见了1997年在淑萍姐那里初识龙生兄时所作的长诗"玉盘珍馐值万钱,何如高谊义薄天"。不禁回忆起往事,当下赋诗一首:

偶检书篋见十七年前初识龙生兄之长歌,感不能已,赋此以寄。

感君高谊友兼师,或有前缘未可知。

把酒问天同醉醒,逢人说项赖扶持。

激扬文字名当代,叱咤风云正此时。

老去犹存千里志,登坛长啸再擎旗。

写到这里,本文可以打住了。但还有一事亦甚有佳趣,不妨记在后面,作为结尾。

左起:王端诚、陈仁德、万龙生

2018年10月25日,重庆市文史书画研究会诗词研究院、重庆兰庭艺术咨询管理有限公司在南岸区弹子石老街大众书局联合举办了重庆诗坛"三人行"吟诵会,"三人行"的主角就是万龙生、王端诚、陈仁德。这真是很有意义的事情,1997年在《重庆日报》上推出《为时为事而吟——读陈仁德诗词感言》的策划人、执笔人、当事人在时隔21年后,作为"三人行"又同时亮相于重庆诗坛。这是一开始就注定的吗?这纯属偶然吗?不得而知也。当天气氛热烈,"鲁奖"得主、著名诗人李元胜到场祝贺并发表讲话,著名诗歌理论家、重庆市当代文学研究会会长吕进,中国诗歌学会副会长、重庆市新诗学会会长、"鲁奖"得主傅天琳等发来贺信。我感赋绝句四首,录其一于后:

> 骨肉斯文应有缘,
> 渝州联袂写新篇。
> 当时醉态今犹记,
> 回首悠悠二十年。

地址：重庆市渝中区枇杷山正街93号

邮编：400013

编辑部电话：(023)63880156　63880157

电子邮箱：cqwhysyj@126.com

微信公众号：cqwhysyjy

网站：www.cqwhysyj.cn

重庆文化艺术研究QQ群号：294222082